KB230832

회사를 뛰어넘는 슈퍼맨들의 비밀

회사를 뛰어넘는 슈퍼맨들의 비밀

초판 1쇄 인쇄 2010년 07월 26일
초판 1쇄 발행 2010년 08월 05일

지은이 | 윤정근
펴낸이 | 손형국
펴낸곳 | (주)에세이퍼블리싱
출판등록 | 2004. 12. 1(제315-2008-022호)
주소 | 157-857 서울특별시 강서구 방화3동 316-3번지 102호
홈페이지 | www.book.co.kr
전화번호 | (02)3159-9638~40
팩스 | (02)3159-9637

ISBN 978-89-6023-405-5 03810

회사를 뛰어넘는
슈퍼맨들의 비밀

윤정근 지음

회사는 선택된 사람들에 의해서 움직인다.
포기하지 말고 당신도 선택받는 사람이 되라!

1809년 미국 가난한 목수의 집에서 한 아이가 태어났다. 아이의 어머니는 아이가 9살 되던 해에 "기회는 기다리면 오지 않는다. 기회는 찾는 자의 것"이라고 전하고 숨을 거두었다. 아버지는 아들을 목수로 키우기 위해서 노력했지만 이 아이는 어머니의 말을 되새기며, 자신의 비전을 세우기 시작했다. 그리고 자신의 환경을 탓하기보다는 적극적으로 자신이 해야 할 일을 찾아 나섰다. 그 아이의 이름은 미국 제 16대 대통령 에이브러햄 링컨이다.

자신의 환경을 탓하지 말고 기회를 구하기 위해서 노력한다면 기회는 찾는 자의 것이 되는 것이다. 같은 직장생활을 하더라도 기회를 찾기 위해서 노력하는 사람과 가만히 찾아올 때만 바라는 사람이 있다면 결과는 뻔한 것이다.

피터 드러커는 세상의 자원 중에서 한 가지를 두 가지나 세 가지로 증가시킬 수 있는 자원은 인적자원이며 이는 인간의 무한한 능력 때문이라고 하였다. 인간이 가지고 있는 무궁한 능력은 개발하면 할수록 커지는 것이다. 직장생활도 마찬가지다. 꾸준하게 자신의 능력을 신장시킨다면 어느 순간 자신도 모르는 사이에 실력이 높아진 것을 깨닫게 될 것이다.

이 책은 직장생활을 하는 당신이 지금까지 미처 깨닫지 못한 부분을 상세하게 알려주며, 변화에 민감하게 반응하며 자기계발에 대한 부분을 열린 마음으로 이해하도록 알려주는 책이다. 때론 직장생활이 힘들고 지칠 때가 있겠지만 자신이 세운 목표가 하나씩 달성될 때 느껴지는 즐거움도 있다. 자신이 바라는 직장생활이 되기 위해서 매진한다면 자신의 존재감도 커지리라 믿는다.

회사를 뛰어넘는 슈퍼맨들의 비밀은 필자가 그동안 10년간 직장생활을 하면서 현실적인 문제들로 고민해왔던 부분들을 사실적으로 묘사했고, 직장생활 중에 무엇이 중요한 것인지를 깨달았던 부분, 이직과 퇴직을 하면서 느꼈던 부분 등을 다양한 측면에서 정리한 직장인의 자기계발서이다. 시중에 자기계발서는 다양하게 많다. 그중에서 이 책은 진정으로 가슴속에 느꼈던 직장생활의 참모습을 담았다고 생각한다.

이제는 회사를 뛰어넘어 또 다른 가치를 창출하는 것이 이 시대 직장인들의 가져가야 할 목표라고 생각한다. 직장의 울타리 안에서만이 아닌 자신의 가치를 높일 수 있는 길이 무엇인지를 찾아 나서는 것이 앞으로의 자신의 경쟁력이 될 것이다. 비록 부족한 책이지만 많은 사람들에게 희망의 메시지가 되기를 기원한다.

윤정근

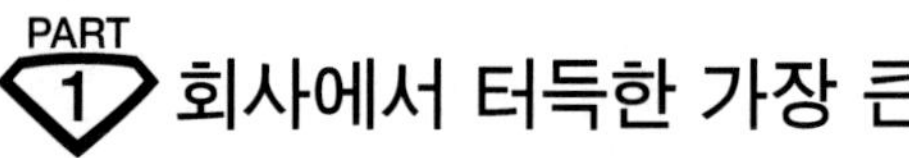

PART 1 회사에서 터득한 가장 큰 비밀

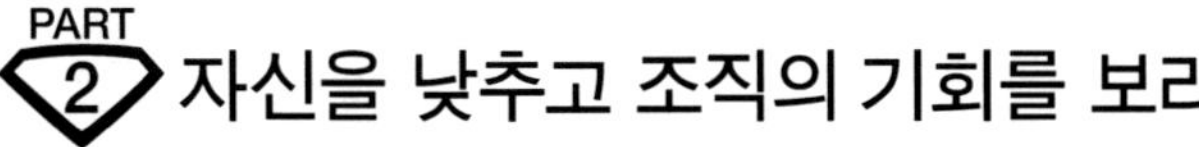

PART 1

회사에서 터득한 가장 큰 비밀

CHAPTER 1

자신의 가치를 느끼는 기업이 최고기업이다

　우리는 직장생활을 하면서 몇 가지 잘못된 편견에 의한 양면성을 경험하게 된다. 그 중에서 대기업은 무조건 근무환경, 복지제도, 연봉이 좋을 것이라는 생각이다. 그리고 이런 이면에는 높은 근무강도와 스트레스가 존재한다는 사실로 이해하고 있다. 또한 중견기업이나 중소기업은 근무강도가 낮은 대신 급여수준이나 복지제도가 대기업에 비해서 낮다는 생각을 하고 있다.

　물론 이런 생각은 보편적인 수준에서 틀리지 않을 것이다. 하지만 근무강도는 높은 반면에 급여수준이나 복지제도가 일반 중견기업나 중소기업 수준인 대기업들도 많다. 또한 근무강도는 낮지만 급여와 복지수준이 일반 대기업 수준인 중견기업이나 중소기업들도 상당수 존재한다.

　직장생활에서의 만족감은 반드시 대기업에서 근무한다고 해서 높은 것도 아니고 중견기업이나 중소기업에서 근무한다고 해서 낮은 것도 아니다. 왜냐하면 본인이 일하는 가치에 따라서 만족감은 달라지기 때문이다. 특히, 직장생활의 가치점이 신입사원 때는 회사의 브랜드나 명성에 초점이 맞추어지지만 과장 이후 간부직원부터는 직급이 올라가면 올라갈수록 회사의 브랜드보다는 여유 있는 근무환경을 더욱 선호하게 된다.

대기업이나 중견기업, 혹은 중소기업에 근무하는 사람들 모두는 상대적인 만족감이라는 것이 존재하기 마련이다. 분명한 것은 대부분의 직장인들이 10년 정도 직장생활을 경험하게 되면 기업 브랜드의 가치보다는 실질적으로 수행하는 자신의 일에 대한 가치에 더 중요성을 둔다는 것이다. 사람이 나이를 먹게 되면 욕심도 버리게 된다는 것과 마찬가지로 직장생활도 연륜이나 경험이 쌓이게 되면 화려한 겉모습만 더 이상 좇지 않게 된다.

직장생활에는 급여와 복지제도가 중요한 부분일 수 있지만 더 중요한 것은 자신이 하고 있는 일에 대한 가치와 보람을 느끼는 것이다.

내가 아는 A부장은 15년 동안 동일한 직무만 반복적으로 수행해 왔다. 대리급들이 해도 될 직무를 부장급이 하고 있는 것이다. 이런 반복적인 일에 자신의 가치점은 낮을 수밖에 없다. A부장은 과거 대리급 때 직무변경을 통해서 다른 업무를 접해 볼 기회도 있었지만 새로운 환경에 적응하기가 두려웠고 크게 자신의 직무에 불만족이 없어서 현재의 직무를 계속해 왔다. 하지만 세월이 흘렀고 자신의 직무가 사원이나 대리급 정도가 수행해도 되는 직무라는 것을 잘 알고 있으며 직무개발에 게을리 한 것을 무척이나 후회하고 있는 상태이다.

현재 회사는 물론이거니와 동일한 일만 15년을 반복한 A부장은 본인도 경쟁력이 없다고 평가하고 있는 것이다. 하지만 가족들이나 주위

친구들이 대기업 부장으로 다닌다고 부러워하는 모습에 정작 A부장은 스트레스가 이만저만이 아니다.

반면에 B부장은 젊은 나이에 대기업에서 과장까지 근무한 후 중소기업에 경력사원으로 입사하였다. 현재는 해외사업과 신규사업을 담당하며 활발하게 업무에 전념하고 있다. 이번에 중국 홈쇼핑 사업권을 따내면서 중국 무대에 자사의 제품이 판매되는 성과를 거두었다. 대기업에 비해서 급여와 복지제도가 낮은 편이지만 나중에 자신의 일이 될 수도 있다는 의미에서 열정적으로 일하고 있다. 다른 사람들은 중소기업에서 일하니 얼마나 힘들겠냐고 말하지만 정작 B부장은 나중에 자기 자신의 사업이 될 수도 있다는 자신감에 신경 쓰지 않고 일하고 있다.

이런 사례는 우리에게 자기 자신이 하는 일의 가치를 어디에 맞추느냐에 따라서 미래에 대한 자신의 위치도 달라질 수 있다는 것을 의미한다. 겉으로 봐서는 화려한 모습이 좋아 보일 수 있지만 정작 내부를 들여다보면 반드시 좋은 면만 보이지 않는 것이다. 그리고 초일류 대기업에 근무한다고 해서 자신의 가치가 높은 것만은 아니다. 아무리 급여와 복지수준이 높다고 하더라도 자기 자신이 원하는 가치점이 다르기 때문에 회사를 떠나는 경우가 비일비재하기 때문이다.

중요한 것은 회사의 규모와는 상관없이 자신감 있게 일하면서 자신의 가치가 높다는 만족감에 직장생활의 즐거움이 있다는 것을 깨달아야 한다.

CHAPTER

2

장사꾼이 아닌 기업가 정신이 깃든 CEO에게 배워라

당신이 직장생활을 하는 목적은 무엇인가? 어쩔 수 없이 하는 것이라면 지금 다니는 직장을 평생 다닐 직장이라고 생각하는가? 사실 이러한 질문에 대해서 고민을 하고 직장생활을 하는 사람은 현실적으로 많지는 않을 것이다. 당장 업무적으로 바쁜 일상이고 정신없이 하루 일과를 마치다보면 다른 것들은 생각할 시간도 없이 어느새 피곤이 몰려오기 때문이다.

이 시대 직장인들은 어렵게 취업을 하고 결혼을 하고, 자식을 낳고, 교육을 시키고 하는 모든 과정 속에서 사실 직장이라는 곳의 의미가 필히 다닐 수밖에 없는 곳으로 인식되어 있다. 별다른 생각 없이 그냥 다니는 곳, 아니면 계속해서 돈을 벌어야 하는 목적이 있는 곳으로 생각하고 있다.

그렇다면 직장생활은 여러 이유를 불문하고 다녀야 한다면 조금은 더 배울 수 있고 자신의 미래에 도움이 되는 기업을 선택하는 것이 무엇보다 중요하다.

특히 기업가 정신이 깃들어 있는 오너를 만난다는 것은 직원 입장에서 큰 영광일 것이다. 기업의 규모와는 상관없이 오너의 기업가 정신은 직원들에게 미치는 영향이 매우 크다. 기업가 정신이 깃들어 있는 오너는 단순하게 돈을 벌어들이기 위한 목적보다도 가치지향적인 기업경영을 하기 때문이다.

사회적으로 존경받는 오너들의 특징은 사회적 가치를 중요시하고 직원들의 지식 발전에 상당한 투자를 해준다. 또한 그들은 투명경영에 앞장서며, 직원들을 대할 때 파트너로 인식하여 정에 이끌려 기업경영을 하지 않는다. 국내에도 기업가 정신이 깃든 오너들이 상당수 존재하고 있다. 그들의 공통점은 사회적 가치를 고려하고 새로운 가치를 창조해 낸다는 것이다.

일반적으로 국내기업들은 중소기업에서 중견기업으로 성장할 때 오너들의 경영스타일에 따라서 기업이 더 커질 수도 있고 쇠퇴할 수도 있다. 작은 중소기업에서의 기업 경영 스타일을 중견기업 수준에서 그대로 적용한다면 기업은 더 이상 커갈 수 없는 한계에 부딪히고 만다. 특히 한국사회에서 가장 문제시 되는 부분이 원칙과 절차가 무시되고 정에 이끌려서 기업운영을 하는 것이다. 많은 성장하는 기업들이 고민하는 문제가 바로 과거 기업규모가 작았을 때의 습관과 관습이 쉽게 고쳐지지 않는다는 문제이다.

이럴 경우 오너는 과감하게 과거의 운영방식을 탈피해야 할 필요성이 있다. 정에 이끌려서 운영한 기업방식, 절차와 관습을 중요시하는 직원들의 태도 등을 과감히 없애야만 기업은 한 단계 더 높은 수준으로 성장할 수가 있는 것이다.

결과적으로 기업이 성장하는 만큼 내부 직원들의 수준도 업그레이드되어야 하며 과거의 성과보상에만 안주하고 있으면 발전이 없는 것이다. 이런 측면을 오너가 기업가 정신에 맞는 기업운영을 펼쳐나가는 노력이 필요한 것이다. 국내 기업의 오너들 중에는 기업을 사적생활의 도구로 생각하고 부하직원을 자신의 일에 심부름꾼으로 활용하는 사람들이 있다. 일부 오너들 중에는 직원들을 자기가 마음대로 부려먹는 일꾼내지는 머슴으로 인식하는 경향을 가지고 있다.

이런 기업의 오너는 직원들이 남아 있을 리 없다. 그리고 기업은 절대 성장할 수도 없을 것이다. 장사꾼이나 다름없는 마인드로는 절대로 성장할 수가 없는 것이다.

우리가 잘 아는 기업들 중에서 복지제도가 좋고 급여가 높은 대기업이라고 하더라도 사회적인 대접을 받지 못하는 기업들이 참으로 많다. 오히려 규모는 작지만 기업가 정신이 깃들어 있다면 중견기업이나 중소기업들이 더 발전가능성이 클 것이다.

기업가 정신이 깃든 오너는 쉽게 돈을 벌 수 있는 일에 투자하지 않는다. 장사꾼과 기업가 정신의 차이점은 바로 돈을 버는 태도가 다르다는 점이다. 어렵더라도 요행을 바라지 않으며, 정도경영을 하는 기업의 오너 밑에서 학습을 하게 되면 나중에 사업을 하더라도 그 가치가 그대로 전수된다.

나는 과거 회사생활을 하면서 사회적으로 존경받는 오너나 CEO들 밑에서 함께 일한 경험이 많았다. 그들의 공통점은 대단히 활기차고 역동적이며, 강한 기업가 정신이 깃들어 있다는 것이다. 한 가지 사업을 하더라도 분명한 목적의식이 있고, 새로운 가치점을 고객들에게 제공해야 한다는 사고로 무장되어 있는 사람들이다. 직원들에게는 업무의 강도가 높은 편이지만 그 과정 속에서 배울 수 있는 기회요소가 참으로 많다.

이러한 기업가 정신의 가치점에 대한 학습은 향후 내가 독립하여 자신감 있게 일을 수행해 나가는 정신적 자세가 되어 주었다. 특히 사업을 하거나 독립된 일처리를 해나갈 때 기업가 정신은 자신을 다스릴 수 있는 강한 힘이 된다.

피터 드러커는 기업가 정신을 패스트푸드점의 사례로 설명하였다. 과거 햄버거 가게는 단순한 햄버거를 간단한 조리과정을 통해서 판매했지만 현대의 패스트푸드점은 조리과정을 프로세스로 구축했고, 종업원을 확대했으며, 맛을 재창조하면서 새로운 가치점을 제공한 측면에서 기업가 정신의 훌륭한 모델이라고 제시하였다.

이렇듯 기업가 정신은 새로운 가치를 창출하는 창업가의 정신의 모태라고 볼 수 있다. 단순하게 지금의 상태에서 돈을 벌어 쓰겠다고 한다면 기업가 정신이 아니다. 같은 일을 반복적으로 수행하는 사업을 하는 것 역시 기업가 정신과는 거리가 멀다. 일반적으로 학계에서 기업가 정신을 평가할 때 안정형보다는 일정한 모험심과 도전정신을 중요한 요소로 보고 있다.

오늘날 세계적으로 명성을 얻는 기업들을 보면 공통점들이 있다. 회사를 창립한 오너들이 향후 회사의 발전을 위해서 끊임없이 기업을 가꾸고 가치를 창출시켜 왔다는 공통점이다. 국내에서도 2세, 3세 경영을 하면서 이어오는 기업들의 경우 이런 기업가 정신의 가치점이 있기 때문에 오늘날의 큰 성공을 거둔 기업으로 발전한 것이다.

물론 반드시 기업가 정신이라고 해서 큰 가치점이 있어야 하는 것은 아니다. 다만 오너는 새로운 사업의 발전성과 혁신적 자세를 가지고 있어야 하며, 그것을 위해서 끊임없이 노력하고 관심을 가져야 한다는 것이다.

직장인의 경우도 마찬가지이다. 기업가 정신이 깃들어 있는 기업의 직장인은 창의적 사고와 혁신적 자세로 무장되어 있는 경우가 많다. 직장인의 가치는 기업의 규모로 평가받는 것이 아니라 직장 내에서 자신의 가치를 확대하고 창의적 사고로 기업가 정신을 얼마나 발휘할 수 있는지에 대해서 평가받는 것이다.

CHAPTER 3

직장인은 이해관계에 따라서 마음이 변한다

사람관계라는 것에는 참으로 미묘한 것들이 숨겨져 있다. 같은 직장에서 근무하는 사람들이라도 특별히 좋아하는 사람이 있고 싫어하는 사람이 정해져 있다. 자신과 잘 어울리는 사람들은 친한 사람들일 것이며 말을 거의 하지 않는 사람은 친한 사람이 아닐 것이다.

물론 전혀 어울리지 않을 것 같은 사람들이 친하게 지내는 경우도 종종 있다. 그러나 실제로 친한 것인지 친한 척을 하는 것인지 사람 마음을 알 수가 없는 것이다.

대학과 직장생활의 차이가 무엇일까? 대학에서는 좋아하는 사람들끼리만 어울릴 수 있었지만 직장은 본인 의지와는 상관없이 싫은 사람과도 머리를 맞대고 있어야 하는 점이다.

직장생활에서는 친밀한 관계가 때로는 싫어하는 관계로 발전하는 사례들이 종종 있다. 만약에 친한 두 사람의 관계가 향후 상사나 부하의 관계가 되거나 또는 같이 공동의 업무를 수행해야 되는 팀원들이 될 경우가 되면 친밀도의 상황은 또 달라질 수 있다.

우리가 흔히 친하다는 것은 이해관계가 얽혀 있지 않고 자유롭게 자신의 의사표현이 가능할 때 서로 친밀한 관계가 형성되는 법이다. 하지만 아무리 친한 관계라도 이해관계가 있게 되고 상하 직급관계를 따지게 될 경우 불편한 관계가 된다. 이러한 경우 과거 친한 관계였다고 하더라도 관계가 좋게 될 리가 없다. 지금 친한 관계를 유지하는 사람들의 대부분은 업무적인 이해관계보다는 생각하는 공통의 관심사가 비슷하기 때문일 것이다. 막상 업무적인 이해관계로 접근하게 되면 아무리 친한 관계의 사람이었다고 하더라도 관계는 변하게 되어 있다.

또한, 직장에서의 사람에 대한 평가는 자기와 직접적으로 일을 같이 해보지 않고서는 판단할 수 없는 것이다. "저 사람은 괜찮네, 좋은 사람이네"라고 평소 어울리던 사람이라도 같은 팀으로 한 달만 같이 일 해보면 상황은 또 달라진다. 겉으로 보는 것과 실제로 업무를 할 때 느끼는 점은 완전히 다르다. 평소 친하다고 생각했던 사람들이 같이 일을 하게 될 때 원수관계로 변하는 모습이 참으로 많다. 친한 사람들끼리 동업을 해서 깨지는 경우가 다반사인 이유는 바로 이해관계가 대립되면 서로의 입장이 달라지기 때문이다. 명심해야 될 것은 아무리 좋은 관계를 유지해 온 사람일지라도 그에 대한 평가는 자신과 직접 일을 해보지 않고서는 판단하기가 어려운 것이다.

얼마 전에 내가 아는 직장 선배 중에 직무순환 후 상당한 스트레스로 어려움에 처한 경우를 보았다. A씨는 잘나가는 경영혁신팀의 리더였다. 혁신업무를 3년 정도 하다 보니 타 부서에 자연스럽게 관심을 가지게 되었다. 혁신업무 특성상 타부서 사람들과 잘 어울릴 수밖에 없기 때문에 자연스럽게 팀장들과도 좋은 관계를 유지하고 있었다. 결국 A씨는 평소 구매팀장과 잘 맞는다고 판단하여 구매팀으로 자리를 옮기게 되었다.

하지만 현재 A씨는 상당한 스트레스를 받고 있는 상태이다. 왜냐하면 혁신팀에 근무할 때의 구매팀장이 아니기 때문이다. 혁신팀에서는 팀장급들을 주로 상대해 왔고 업무 자체가 강도가 높다 보니 팀장급들이 상당히 우호적으로 대해주었다. 하지만 이제 팀원으로 돌아가다 보니 그런 우호적 관계는 사라졌고, 단지 팀장과 팀원의 관계만 있을 뿐이었다. A씨는 구매팀장과의 사적 관계만 믿고 혁신팀에서 자리를 옮긴 것 자체를 매우 후회하고 있었다.

사람의 관계라는 이런 사례처럼 상황에 따라서 달라지기 마련이다. 특히, 직장인의 경우에는 자신이 처해 있는 환경에 따라서 태도와 입장이 바뀐다는 것을 명심해야 한다. 만약 누군가 당신에게 우호적인 입장을 준다면 분명 그것은 당신과의 관계에서 이득을 얻기 위한 측면이 있다는 것을 기억해야 한다. 만약 당신이 그 자리에서 벗어나는 순간 주위 사람들은 더 이상 이득이 없다고 판단이 되면 업무적으로 깐깐하게 대할 것이다. 지금 당신의 자리가 막대한 권력을 줄 수 있는 자리라면 그 이해관계자들은 어떻게 해서든지 당신과 친밀도를 높이려 할 것이다. 세상에는 공짜가 없기 때문이다.

사람을 보는 눈은 항상 객관성을 가져야 한다. 우리가 사람간의 관계에서 착각하는 경우가 바로 현재 자신의 상태를 파악하지 못하고 상대방의 호의적인 관계만 생각하기 때문이다.

만약 당신에게 누군가가 적극적으로 관심을 가지고 연락을 해 오는 사람들이 있다면 조심하고 또 신중해야 한다. 만약 당신이 지금의 위치와 권한이 없어져버린다면 그 사람들이 과연 당신에게 연락을 취할지 고민해보라.

진정으로 당신과 진실된 관계를 맺었던 사람인지를 판단하려면 적어도 지금 가지고 있는 권한과 역할이 사라지고 남아 있는 것이 없게 될 때 판단할 수 있는 것이다. 보통은 대기업에 다니다가 중소기업으로 자리를 옮기거나 스태프 부서에 있다가 하부조직으로 이동할 때 사람관계라는 것에 대해서 다시 한 번 생각하게 한다. 그 당시 나를 귀찮게 했던 수많은 사람들이 다 어디로 간 것일까?

CHAPTER 4
인정받는 사람들은 뒤에서 일을 처리한다

우리는 학창시절 공부의 양과 성적간의 관계에 대한 다양한 모습들을 볼 수 있었다. 공부는 무척이나 많이 하는데 성적이 안 나오는 학생이 있는가 하면 공부하는 양은 얼마 되지도 않는데 성적이 잘나오는 학생도 있었다. 학창시절 공부를 잘하는 학생과 못하는 학생의 차이는 무엇일까?

공부의 양도 많은데 성적이 안 나오는 학생의 원인은 2가지로 요약된다. 첫째는 핵심을 못 파악하고 정작 공부해야 되는 것은 안하고 다른 것들을 공부했기 때문이다. 둘째는 공부하지 않는 학생이 조금만 공부해도 성적이 오른다는 생각에서 자신은 머리가 나쁘다는 좌절감으로 자책하는 것이다. 이런 이유로 스트레스를 푼다는 생각으로 TV나 다른 것들을 즐기다가 공부의 시간이 점차 줄어드는 것을 깨닫지 못하는 것이다.

그러나 이것은 잘못된 편견이다. 공부 잘하는 학생들의 특징은 공부의 양이 무척 많다는 것이다. 공부하는 모습이 잘 보이지 않을 뿐이다. 공부를 많이 안 해도 머리가 좋아서 잘하는 것으로 보이는 것뿐이다.

성공하는 사람들의 특징 중에 한 가지는 남이 보지 않는 곳에서 자신의 강점을 발굴하여 지속적인 노력을 한다는 것이다. 그리고 이들은 몰입도가 상당히 높은 편이다. 당연히 불필요한 부분보다는 핵심적인 부분을 몰입하여 공부하는 습관이 있기 때문에 남들보다 성적에서 우위에 서는 경우가 많다. 좋은 성과를 올리기 위해서는 가장 핵심적인 성공요인을 파악하여 남들보다 더 많은 시간을 소비하는 것이다.

직장생활 속에서도 인정받는 사람들의 특징은 눈에 보이지 않도록 뒤에서 일처리를 다한다는 것이다. 전혀 일 할 것 같지 않은 주위 동료가 어느 날부터 깔끔하게 일처리를 하는 모습을 보면 놀라지 않을 수가 없다. 능률이 오르지 않는데 억지로 붙잡고 '시간이 곧 일이다'라고 생각하는 직장인이라면 절대로 따라올 수가 없는 것이다.

분명한 것은 성과를 올리는 사람들의 특징은 다른 사람들보다 2~3배 일의 양이 많다는 사실만 기억해라. 그리고 일을 많이 하면 할수록 업무지식이 평범한 사원들과는 비교가 안될 만큼 수준이 높아져 있다는 사실을 깨달아야 한다.

일을 잘하는 사람들의 특징은 일처리를 전략적으로 한다는 것이다. 흔히 운동경기에서 훈련모습을 공개하는 것에 상당히 민감해 하는 경우가 많다. 자신들의 전략을 노출해서는 안 되기 때문이다. 직장생활에서도 마찬가지로 일하는 방법을 노출하지 않는 사람들은 대개 전략적으로 일처리를 하는 사람들이다.

맛있는 음식을 만드는 맛집의 경우에도 절대로 음식 만드는 방법을 알려주지 않는다. 가족은 물론 부분 간에도 절대로 음식의 비밀을 알려주지 않는 경우가 많다고 한다. 이렇듯 직장생활에서도 성과를 올리는 사람들은 남이 보지 않는 곳에서 나만의 방법으로 일처리를 하는 것이다. 일 잘하는 사람들의 속을 들여다보면 남보다 빠른 정보망을 가지고 있다. 이들은 인적자원을 동원해서 남들이 구할 수 없는 핵심정보들을 손에 쥐고 있다. 객관성을 가질 수 있는 타 회사 현황 및 동종업계의 정보 등도 그들은 얼마든지 파악이 가능하다. 또한 이들은 과거 경험을 분석하여 기업의 성공요인을 철저하게 분석해 낸다. 과거의 경험을 통해서 몇 년 앞선 경험을 이미 해봤기 때문에 성공과 실패에 대한 옥석을 가릴 수 있는 능력을 가진 것이다.

일처리를 잘하는 사람들은 절대로 가능성에 초점을 두기보다는 정확한 데이터를 가지고 사람을 설득하기 때문에 일처리 수준에서는 박사급이나 마찬가지이다. 이런 유형의 사람들은 결과물로 나오는 보고서나 발표 자료에 대하여 남이 만들어 내지 못하는 정보들로 가득 차 있다.

그렇기 때문에 이런 유형의 직장인들에게 대충 만든 기획서나 발표물로 승부를 건다면 백전백패가 되는 것이다. 인재들은 자료의 정확성뿐만 아니라 남이 가지고 있지 않은 정보들을 가지고 있으며 이러한 것들은 상사나 최고 경영자들을 설득할 때 확실한 우위를 점하는 경쟁력이 되는 것이다.

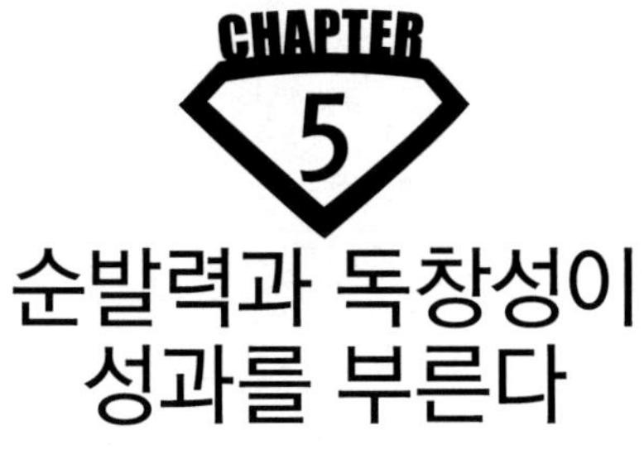

순발력과 독창성이
성과를 부른다

반드시 직장생활 뿐만 아니라 사업을 할 때도 기회요소를 파악해야 한다. 우리 주위에는 쟁쟁한 경쟁자들이 있고 특출한 성과를 올린다는 것은 진입 장벽들이 너무 많기 때문에 쉽지가 않다. 하지만 분명히 자신만의 독특한 방식으로 기회를 만든다면 성공은 가까이 다가와 있을 것이다. 직장에서는 성과를 높이기 위해서 노력하지만 무조건적인 노력만 가지고는 어렵다. '어떤 성과를 어떻게 효과적으로 올릴 것인가?' 하는 전략적 사고와 마케팅적 요소가 필요하다.

얼마 전에 지하철 공사에서 친절한 역무원에 대한 서비스 마케팅 사례를 공유한 적이 있었다. 이 역무원의 특징은 고객 한분 한분께 친절히 허리를 90도까지 굽히면서 인사를 하고 안내를 해주시는 것이었다. 지하철 공사는 이렇게 친절한 역무원이 있다는 사실만으로도 대단한 서비스 마케팅 사례가 되는 것이다. 이 역무원은 많은 사람들로부터 칭찬을 받게 되었지만 결과적으로 아무도 하지 않는 인사하는 태도로부터 자신만의 기회요소를 발굴한 것이다.

이와 마찬가지로 국내 유명 컨설턴트의 신입사원 시절의 한 사례를 소개하고 싶다. 중견기업 식품회사에 입사한 A씨는 첫 발령에서 영업업무를 담당하였다. 그런데 자신의 직무가 영업업무임에도 불구하고 대부분의 시간을 고객 클레임을 처리하는 데 보냈다. 서울외곽이나 지방권은 전담인력을 배치할 수 없어서 영업사원들이 대신 처리하는 실정이었기 때문이다. 당연히 자기일도 아니라고 생각하여 고객을 대하는 태도가 좋을 리 없었다. 물론 지금도 많은 대기업들은 서울외곽이나 지방권은 고객 클레임이 발생되면 담당자보다는 영업직 담당들이 출동하는 사례도 종종 있다.

그런데 이 당시 A씨는 고객만족을 조금 더 높여줄 수 있는 방법이 없을까 고민을 하기 시작하였다. 그리고 클레임 처리에서 타 영업사원들이 하지 않는 것에서 성과를 올린다는 계획을 세웠다. 우선은 클레임 처리 프로세스가 너무 길기 때문에 처리시간을 단축하는 것이 필요했다. 전화를 받고 다시 회사에 가서 제품을 확인하고 제품발주하고 출고하여 고객까지 다가가는 프로세스가 너무도 복잡했던 것이다. 그래서 A씨는 주요 클레임을 원인별 분석하여 자주 발생되는 클레임 제품에 대해서는 제품 자체를 자신의 차에 사전에 배치하여 운행하여 프로세스를 상당부분 감소시켰다.

며칠 후 클레임처리 의뢰전화가 회사로부터 A씨에게 걸려왔다. 마침 우연히도 고객 댁을 지나가는 길이어서 바로 제품을 들고 고객 댁에 방문을 하였다. 전화를 받고 고객 댁에 방문을 한 시간은 채 3분이 걸리지 않았다. 고객은 당황하면서 이렇게 말을 하였다.

"아니, 전화를 건지 몇 분 되지도 않았는데 어떻게 이렇게 빨리 올

수가 있는지 궁금하네요?"

A씨는 자연스럽게 답변을 하였다.

"저희 회사는 고객님의 클레임을 최우선으로 처리하기 때문에 빨리 오는 것은 기본입니다."

고객은 이런 모습에 너무도 감동을 해서 클레임은 뒷전이었고 방문한 A씨 칭찬만 하였다고 한다. 후에 이 고객은 회사에 전화를 걸었고, 이 사실을 대표이사까지 알게 되어 회사에서는 사내표창까지 주었다.

그 후 A씨는 국내 최고의 컨설턴트가 되었고 이러한 이야기는 강의 때마다 여러 사람들에게 소개하고 있다. 중요한 것은 우연히 찾아온 기회라도 준비되지 않으면 소용없듯이 미리미리 준비하여 직장인들의 기회를 찾으라는 뜻이다. 또한 성과를 올리는 기회의 사람들은 누구도 하지 않는 일들에 관심을 가지며, 평범함 속에서 성과를 높인다는 것을 깨달아야 한다.

CHAPTER 6
사람의 믿음에는 항상 조건이 있다

직장생활을 하면서 가장 많은 스트레스가 사람간의 스트레스다. 일이 어렵더라도 참고할 수 있지만 사람간의 관계가 틀어져 버리면 일의 의욕도 직장생활의 의지도 나약해지게 된다.

신기한 것은 직장생활의 심리적 관계를 밝힌 대다수 연구 논문에서 사람간의 관계는 신입사원 때 오히려 상당부분 극복이 되지만 직급과 연령이 높아질수록 사람간의 스트레스를 더욱 많이 받는다는 사실이다. 이러한 이유는 직급이 올라가면 갈수록 자리싸움이 치열해지기 때문이다. 이러한 이유 등으로 해외 어떤 기업에서는 직장 상사 간에 경쟁을 유도하여 높은 성과를 달성하게 한다는 것이다. 사람관계에서 이기고 싶은 욕구가 인간에게는 본성적으로 있기 때문이다.

직장 내에서 사람 간에 상호 믿음이 없으면 불신감이 커질 수밖에 없을 것이다. 하지만 가급적이면 직장관계에서 사람을 신뢰하지 않는다고 생각하고 일하는 것이 편할 것이다. 언제 어느 때 상대방이 당신의 뒤를 칠 수도 있다는 사실을 명심해야 한다.

그리고 가장 가까운 사이를 조심해야 한다. 왜냐하면 상대방을 가장 많이 알고 있는 사람이 주위 측근들이기 때문이다. 역사적인 사건들을 살펴보면 대부분 자신의 측근을 관리하지 못해서 불행한 최후를 맞이한 경우가 많다. 다른 사람들보다도 주위 측근들에 의해서 배신당하여 최후를 맞이한 사람들이 많다는 것이다. 또한 언론에서도 자주 듣는 이야기들이 대부분 자기와 함께 가기로 한 사람들이 등 뒤에서 배신을 하는 경우라는 것이다.

이처럼 사람에 대한 기본적인 믿음은 현재를 기준으로 보아서는 절대로 안 된다. 자신이 훗날 어려움에 처해 있을 때도 과연 이 사람이 나를 신뢰해주고 믿어줄까라는 믿음이 있을 때 신뢰가 형성되는 것이다. 직장 생활 속에서의 믿음은 현재의 직위와 위치라는 사실이 전제되어 있기 때문에 그 믿음의 신뢰는 향후 그 직위와 위치가 사라질 때도 유지될 거란 기대는 저버리는 것이 좋을 것이다.

직장생활에서 사람간의 믿음은 업무관계라고 보는 것이 맞을 것이다. 업무에 의해서 사람간의 관계가 형성되는 것이지 회사를 벗어나서 아무런 조건 없이 신뢰가 형성되기란 쉽지가 않다. 당장 회사에서 퇴직을 하게 되면 누구도 당신을 쳐다보지 않을 것이다. 배신을 당했다는 듯이 화가 치밀어 오르겠지만 그것은 어찌 보면 당연한 결과일 것이다. 믿었던 사람도 당신의 조건을 보고 신뢰를 준 것이지 그 조건이 사라진 상태에서는 그 신뢰도 당연히 없어지는 것을 깨달아야 한다.

결국 직장생활에서는 사람을 신뢰하기보다는 업무 자체에 대한 믿음과 신의로 일을 하는 것이 맞을 것이다. 그래야만 나중에 당신을 찾아오거나 맞이해 주는 사람이 정말로 신뢰와 믿음을 주는 사람이라는 것을 알 수 있으니 말이다.

　본인이 업무에 대해서 처리하는 과정에서 사람에 대한 기준을 세우지 않고 객관성을 가지고 대하였다면 훗날 사람이 필요할 때 당신을 믿고 오는 사람들이 있다면 그 사람들은 조건이 없는 진정한 믿음을 주려는 사람들이라고 판단해도 좋을 것이다.

CHAPTER 7
기업이 인수되면
살아남는 사람들은 따로 있다

요즘은 기업인수 합병을 기업경영의 전략목표로 삼고 있기 때문에 적극적으로 인수 대상기업을 물색하는 기업들이 늘어나고 있다. 기업의 오너는 적절한 가격만 제시가 되면 기업을 매각하는 경우가 종종 있다. 이럴 때 직장인들은 매우 당황스럽게 된다. 본인이 지금까지 해온 업무와 역할이 한순간에 날아 갈 수도 있다는 불안감과 고용에 대한 불안전성으로 매우 어수선한 마음이 된다.

이런 경우에는 몇 가지 철저한 방법만 따른다면 문제없이 인수된 기업에서 인정받으면서 다닐 수 있다. 우선은 불안감에 이직을 선택하는 경우가 많을 것이다. 하지만 이 부분은 좋지 못한 결과를 가져올 수 있기 때문에 신중해야 한다. 인수가 되더라도 당장은 직원들을 해고하거나 이유 없이 순환근무를 시킬 수는 없다. 오히려 겁을 먹고 먼저 그만두는 경우가 허다한데 인수가 되면 조용히 지켜보면서 자신의 일을 묵묵히 하는 태도가 중요하다. 절대로 인수된 기업에서는 업무 파악도 하기 전에 일하는 사람들을 내보내는 법은 없다. 해당 팀장들은 많이 바뀔 수 있겠지만 팀원들은 새로운 팀장이 오게 되면 적극적으로 임하는 자세를 보여줘야 한다.

새로 온 팀장들의 눈에 좋은 모습으로 보여준다면 새로운 팀장도 한배를 탄 사람들이라고 인식하기 때문에 같이 갈 수밖에 없을 것이다. 그리고 최대한 짧은 기간 동안에 업무파악을 위해서 노력할 것이기 때문에 최대한 도와주기 바란다.

보통은 기업의 가치를 살리기 위해서 구조조정 단계를 밟을 수 있다. 하지만 꾸준하게 자기계발의 노력을 게을리 하지 않은 사람들은 인수된 기업에서도 인정받기 마련이다. 문제는 자기계발을 전혀 해오지도 않았고 전문성도 없는 사람들이 난감한 것이다. 그래서 자기계발의 노력이 중요한 이유이다.

기업이 인수가 되면 2종류의 사람들이 최종적으로 남게 된다. 첫째는 나름대로 회사에서 비전을 꿈꾸고 자신의 경쟁력을 믿는 사람들이다. 이러한 사람들은 인수된 기업에서도 더욱 높이 성장한다. 둘째는 어디도 갈 곳이 없는 사람들이다. 이런 사람의 특징은 회사의 비밀이라고 생각하는 것들만 많이 가지고 있다. 그래서 인수된 기업에게 그것을 무기로 생각하고 버티는 사람들이다. 결국은 이 경우 오래 가지 못해서 그만두는 경우가 많다.

자신의 경쟁력은 누구나가 인정할 수 있는 것들이어야 한다. 인수한 기업에서도 능력을 인정할만하다고 판단하면 인정해주는 것이다. 인수가 되면 많은 사람들이 겁을 먹고 회사를 그만두는 경우가 있는데 결과적으로 후회를 많이 한다. 오히려 회사에 남아있는 사람들의 경우 많은 사람들이 퇴사하였기 때문에 더 큰 인정을 받을 수가 있

다. 자신밖에 회사정보를 아는 사람이 없기 때문에 어떻게든지 회사
는 남아 있는 사람들에게 관용을 제공해주는 경우가 많다. 그리고 3
년만 참게 되면 적응이 되어 인수기업의 직원이나 인수한 직원이나 큰
차이를 모르게 된다.

인수가 되면 오히려 기회가 찾아오는 사람들이 있다. 공정한 평가
를 받지 못했던 사람들에게는 인수된 기업에서 진정한 실력과 능력으
로 승부할 수 있는 기회를 맛 볼 수가 있다.

과거에 평가된 사실들은 지워지고 다시 새롭게 새로운 기업문화 속
에서 성과를 창출시킬 수 있기 때문이다. 중요한 것은 기업인수가 되
더라도 기회가 올 수 있기 때문에 자신에게 찾아온 기회를 어떻게 활
용하느냐에 따라서 회사에서 인정받는 사람으로 성장할 수 있는 것이
다. 괜한 불안감으로 손해 보는 일이 없도록 하자.

PART 2

자신을 낮추고 조직의 기회를 보라

자기 이미지를 관리해라

누구나 직장생활을 하게 되면 자기도 모르는 평가가 내려지기 마련이다. 직장 생활을 어느 정도 같이 하다보면 상대방이 어떤 유형이고 어떤 성격의 소유자인지 대략적으로 파악할 수 있다. 설령 문서상으로는 없다고 하더라도 어느 기업이나 인사를 기획하는 부서에서는 사람에 대한 평가기술을 이미 다하고 있다고 보면 된다.

그렇다면 회사에서 사람을 평가하는 기준은 과연 무엇인지 궁금하지 않을 수 없다. 일반적으로 주요보직자들을 선택할 때 회사는 업무성과 이외에 회사와 함께 갈 수 있는 사람인지를 판단하는 애사심과 신뢰성에 더욱 무게를 둔다. 왜냐하면 아무리 뛰어난 인재라고 하더라도 애사심이 없으면 언제든지 떠날 수 있다고 판단하기 때문이다.

즉, 회사에서는 성과를 올리는 인재의 중요성을 알고 있으면서도 정작 중요한 보직과 책임자를 선택할 때는 신뢰성을 포함하여 회사와 함께 갈 수 있는 요소를 더욱 중요한 평가기준으로 삼는다는 것이다.

아무리 업무성과가 뛰어나다고 하더라도 향후 회사가 어려움에 처하거나 힘든 상황이 왔을 때 회사를 떠나는 사람들이 많기 때문에 그런 부분까지도 회사는 검토를 하게 된다. 요즘도 회사는 인재들을 서로 모셔오려고 노력하지만 회사는 인재들이 언제든지 회사를 떠날 수 있다는 생각도 하고 있다는 것을 명심해야 한다. 만약, 회사와 갈등이 있어서 주요 보직자가 이직이라도 하게 될 경우 회사가 입는 피해는 상상하기 힘든 수준까지도 갈 수 있기 때문이다. 정보유출의 전쟁인 요즘 주요 보직자가 이탈을 하게 될 경우 심각한 타격을 받을 수도 있기 때문이다. 그렇기 때문에 주요 인사에는 회사의 충성심과 애사심을 더욱 높은 평가기준으로 삼는 것이다.

결과적으로 인재라고 판단하더라도 회사에 적극적인 모습을 보여주지 않는다면 회사에서는 함께 갈 사람으로 생각하지 않을 수 있다. 인재라는 사람들의 특징은 자신의 성과를 극대화하는 동시에 타인이 자신을 어떻게 생각할지까지 고민하면서 행동하는 철저한 자기관리의 달인들인 것이다.

자기 이미지를 관리해야 되는 이유는 바로 자신도 모르는 사이에 회사에서는 자기를 평가하고 있기 때문이다. 회사는 늘 주요 보직에 누구를 앉힐 것인가를 고민하는 것이 화두이기 때문이다. 그리고 주위사람들은 항상 당신을 지켜보고 있으며, 이미지에 대한 평가를 나름대로 기준을 가지고 이미 하고 있다고 생각해야 한다.

일반적으로 직장 내에서의 자기 이미지라는 것이 있다. 저 친구는 어떤 성향이고, 어떤 스타일이고, 어떤 성격이라는 개성적인 자기 이미지가 있기 마련이다. 이런 이미지가 결과적으로 개인의 평판으로 이어지게 된다.

하지만 개인의 이미지가 엄청난 효과를 발휘한다는 사실을 직장인들은 간과하는 경우가 많다. 우리는 흔히 윗사람들에게 잘 보이는 아부형 사람들을 싫어하는 경우가 많다. 자기 이미지를 관리하는 사람은 아랫사람에게도 잘해 주고 윗사람에게도 공손하게 잘하는 유형이다. 자기 일을 하지 않고 윗사람들에게 잘 보인다는 것은 결과적으로 자기 이미지에 먹칠한다는 사실을 깨달아야 한다. 자기 이미지는 항상 타인이 나를 바라볼 때 어떤 생각으로 바라볼 것인가를 염두에 두고 관리해 나가야 한다. 또한 주위 사람들과의 관계를 우호적으로 유지하여 자신의 이미지를 좋은 쪽으로 개발시켜 나가는 전략이 필요하다.

사실, 직장생활을 하다보면 여러 가지 유형의 사람들이 존재한다. 특히, 불평불만을 늘어놓는 사람이 어느 조직에나 있다. 이야기를 듣고 있으면 참으로 재미있고 정곡을 콕콕 찔러서 시원스럽기까지 하다. 이런 직장인의 유형은 대단히 세밀하고 분석적으로 회사의 문제점을 잘 지적하는 유형이다. 하지만 조직 내에서는 이런 직장인의 유형을 싫어한다. 왜냐하면 직원들에게 부정적 영향을 미치고 적극적인 해결의 모습은 보여주지 못하면서 말로만 떠드는 유형이기 때문이다.

회사에서 인정받고 싶으면 당장 불평불만은 접어두고 적극적인 모습을 보이는 것이 중요하다. 업무가 다소 떨어지더라도 매사 긍정적인 사고를 가진 사람을 회사는 선호하기 마련이다.

얼마 전에 나와 잘 아는 선배와 저녁식사를 한 적이 있었다. 선배는 본인 회사의 전략기획실장이 이번에 채용되는데 외부 헤드헌트를 통하여 인재를 스카우트하기로 하여 면접을 진행했다고 한다. 면접 내용도 좋고 곧 임원진은 채용을 하기로 결정하였다고 한다. 하지만

이 선배는 평판조회를 해 본 결과 결과가 좋지 않게 나타나서 이 부분이 마음에 걸린다는 것이었다. 임원진에게 이 부분을 보고해야 되는데 실망이 클 것 같아서 망설이고 있다는 것이다.

이런 사례는 기업채용 과정에서 비일비재한 경우일 것이다. 평판조회를 해보면 정말로 이 사람이 어떤 사람이고 과거에 어떤 스타일인지를 알 수가 있다. 좋은 점수를 받지 못하는 사람들이 의외로 많아서 채용과정에서 아쉽게 탈락하는 경우가 종종 있다. 이럴 때의 느낀 점은 동료들에게 또는 후배들에게 자신이 어떤 사람인지를 늘 평가받는 평가자라는 인식을 해야 한다. 그래서 더더욱 자기 이미지 관리를 세련되게 해야 한다. 업무가 다소 미숙하더라도 동료들에게나 아니면 상대방에게 좋은 호감의 이미지를 심어주면 나중에 회사를 퇴사해서라도 좋은 점수를 받을 수가 있다.

반면에 업무 성과는 높은데 타 동료들에게 함부로 대하거나 무례하게 행동한다면 좋은 점수를 주지 않는다. 왜냐하면 시간이 지나면 사람은 평가할 때 업무성과보다는 이미지로 평가받기 때문이다. 시간이 지난 뒤 기억나는 것은 그 사람의 전체적인 이미지이기 때문이다. 그래서 업무성과도 중요하지만 그보다 주위 사람들에게 자신이 비쳐지는 이미지를 좋게 관리하는 것이 더 중요하다는 뜻이다.

CHAPTER 2

선두권에 가려고 노력해라

직장생활은 경쟁의 연속이다. 입사하는 날 신입사원이 되는 순간부터 퇴사하는 날까지 경쟁관계는 한순간도 떠날 수가 없다. 특히 간부로 올라가는 과장급부터는 본격적인 경쟁관계로 접어들기 때문에 사소한 행동 하나에도 조심성이 있어야 한다.

우선은 직장생활은 단기간에 자신의 성과를 증명하기는 어려운 조직생활이다. 직장생활은 마라톤과도 같다. 길게는 20년 이상 직장생활을 해야 되는데 항상 좋은 성과만 낼 수는 없기 때문에 직장생활도 속도를 조절하여 숨고르기를 통해서 여유를 가져야 한다.

하지만 너무 속도조절을 하다간 제한선 아래로 떨어져 끌어올리는데 힘이 많이 든다는 사실을 인식해야 한다.

조직은 인정범위라는 것이 있다. 중요한 것은 단기적으로 성과에 따라서 오르락내리락 하는 일정한 성과패턴이 있지만 조직의 인정범위 내에서 벗어나게 되면 성과를 올린다고 해도 인정받지 못한다.

이러한 인정범위 안에 들어 있으면 언제든지 선두권 그룹에 들어가게 된다. 그리고 성과를 올릴 수 있는 기회의 요소를 더 많이 제공받기 때문에 전문가로서의 진입이 수월해진다.

결과적으로 직장생활 중에 퇴보하는 흐름을 보이면 안 된다. 과장급까지는 다양한 직무경험을 통해서 자신의 가치를 높여야 한다. 그 이후 자신의 직무에 전문성을 최대한 끌어 올린 후 성장할 수 있는 기회를 보아서 그것에 집중해야 한다. 가장 중요한 것은 과장급 정도 되면 이미 회사의 간부로서 역할이 주어지기 때문에 이때 선두그룹에 들어오려는 적극적 자세가 필요하다.

어느 회사든지 조직 내에는 선두조직이 있기 마련이며, 그곳에 회사의 인재들이 몰려 있게 마련이다. 그곳에 가까이 다가서 있을수록 조직 내에서 차지하는 비중도 커지고 나중에 튼튼한 버팀 몫이 될 수 있기 때문에 선두권을 확보하기 위한 노력을 게을리 하지 말아야 한다.

직장 내에서도 인재들끼리 어울리는 문화가 있다. 특히 직장생활에서 인재들과 가까이 지내는 것과 멀리 지내는 것은 상당한 차이가 있다. 가급적 인재들과 친분관계를 가질 수 있으면 적극 가지기를 당부한다. 왜냐하면 인재들과 친해지면서 어려움에 처해 있을 때 작은 도움이라도 받을 수 있기 때문이다.

직장생활을 하다보면 기회라는 것이 언제든지 찾아오게 마련이다. 요즘 기업들이 보직순환 근무에 대해서 긍정적으로 생각하기 때문에 직장인들에게도 순환근무의 기회가 많은 편이다. 자신이 적극적으로 해보겠다는 도전의식만 있다면 혁신과 관련된 직무를 담당할 수 있는 기회를 얻을 것이다. 중요한 것은 매사 철저한 성과와 목표를 완수하는 책임의식이 있어야만 기회가 찾아올 때 적중할 수 있기 때문에 적극적인 자세로 업무에 임해야 한다.

보통은 지금하고 있는 업무의 성과가 높아야만 타 직무로 옮길 수 있는 기회를 얻을 수 있기 때문에 현재의 직무에 우선은 충실하려는 자세가 필요하다. 그 후에 자신에게 어떠한 형태로든지 성과를 높인다면 타부서의 요청이라든지 기회가 얼마든지 찾아오기 마련이다. 자신에게 찾아온 기회를 적극적으로 활용한다면 좋은 결과가 나타날 수 있을 것이다.

CHAPTER 3

전문성 있는 일을 해라

직장생활에서의 관심사는 대부분 승진과 연봉일 것이다. 대부분 직장에서 잘나가는 사람들은 몇 가지 공통된 특징을 가지고 있다. 첫째는 대부분 자신이 아니면 하지 못하는 전문성 있는 직무라는 것이다. 이들은 같은 일을 반복적으로 처리하는 직무가 아닌 아무나 할 수 없는 자기 판단의 논리가 많이 좌우되는 직무라는 사실이다. 둘째는 자기업의 과거 경력을 바탕으로 현재 많은 연봉을 받는 사람들이다. 자신의 과거 커리어가 중요하게 작용하여 현재 직무를 하는 데 있어서 큰 도움이 되는 유형이다.

당신들의 주위를 둘러보아도 이러한 사실은 크게 다르지 않을 것이다. 얼마 전에 모 기업에서 스카우트해 온 임원에 관한 이야기를 하고자 한다. A기업은 신규 사업의 필요성이 절실하여 사내 적임자보다는 타 회사에서 경험을 두루 가진 외부 전문가를 스카우트하기로 결정하였다. 결국 국내 명문대학과 대기업에서 기획업무를 담당한 B씨를 임원으로 스카우트해왔다. 나이도 상당히 젊은 편에 속하는 B씨는 다른 사람들의 부러움을 한 몸에 받게 되었다. B씨는 입사 후 회사 내에서 자신과 처음 대기업에서 직장생활을 같이한 동기인 C씨가 있다는 사실을 보고 반갑게 인사를 나눴다. C씨도 경력사원으로 입사를 한 경우였다.

하지만 C씨는 현재 차장에 머물러 있는 상황이었다. 같은 동기로 출발점을 같이한 사이인데도 B씨는 임원이고 C씨는 차장에 머물러 있는 상황의 차이점은 무엇일까? 바로 전문성에 있다. 입사동기인 B씨와 C씨는 동일한 직무를 담당했었다. C씨는 잦은 야근이 싫었고 많은 책임을 져야하는 직무 자체가 싫었기 때문에 단순하게 반복적인 일에 흥미를 가져서 다른 직무로 옮기게 되었다. C씨는 퇴근도 빨랐고 책임지는 일도 별로 없었기 때문에 훨씬 편하다고 생각했었다. 하지만 과장이 되면서부터 두 사람의 상황은 바뀌게 되었다. 이직을 하게 되면서 두 사람의 시장가치는 판이하게 달랐던 것이다. B씨는 시장에서 전문성이 있는 직무로 인정을 받게 되었고 C씨는 단순 반복적 직무라는 측면에서 전문성이 낮다고 판단을 한 것이다.

한 사례를 소개한 것이지만 직장생활 속에는 이런 사례는 참으로 많다. 처음 출발은 같더라도 10년, 15년이 지난 뒤 살펴보면 정말 판이하게 다른 상황에 놓여있는 경우가 많다는 것이다. 대부분 직장생활에서 임원이 되거나 어느 위치에서 인정을 받는 사람들의 특징은 전문가라는 사실이다. 그 직무를 다른 사람이 하기 어려운 자신만의 전문성을 가지고 있는 사람들이라는 것이다. 결과적으로 지금 하고 있는 일의 수준에 따라서 나중에 시장에서 평가하는 가치가 다르다는 사실을 명심해야 한다. 직장생활은 편하고 쉬운 일을 담당하면 할수록 시간이 지나면 자신의 가치는 저하된다는 사실을 명심해야 한다.

누구나 40대쯤이 되면 자신이 지금까지 해온 직무를 바꾸기가 어렵게 된다. 그렇기 때문에 30대 중반의 과장급에서 여러 가지 판단을 해야 된다. 내가 이 직무를 통해서 어느 정도까지 승진이 가능한지 말이다. 만약 가능성이 없는 직무라면 굳이 40살이 될 때까지 하지 않는 것이 좋을 것이다.

어떻게든지 30대에 철저히 계산하여 과감하게 직무를 벗어던지는 지혜가 필요하다. 회사에서는 직무 자체가 낮다고 판단을 하면 승진의 기회를 최소화 한다. 전문성 있는 직무는 40대 나이가 되면 그 진가를 발휘하게 된다. 전문성을 가진 직장인의 경우에는 질로서 가치를 인정받기 때문에 오래 근무할수록 연봉이나 조건이 좋아지게 된다. 그러나 전문성이 있는 직무임에도 불구하고 질적 성장을 하지 않고 양적 성장만 추구한다면 전혀 발전성이 없는 것이다.

우리 주위에서 이런 사례들을 쉽게 볼 수 있다. 이런 사람들의 특징은 전문성이 있는 부서인데도 불구하고 부하직원이 입사를 하면 전문성 있는 역할을 제공받지 못해서 퇴사하는 경우가 많다는 것이다. 계속해서 인력이 빠져나간다면 회사 차원에서는 심각하게 해당 팀장에 대해서 분석해 볼 필요가 있다.

이처럼 우리 주변에는 전문성 있는 직무만 맡았다고 해서 전문가로 대접받기를 바라지만 정작 전문성을 갖추지 않는 사람들이 많다는 점에서는 부단한 자기 노력을 요구하고 있다. 전문성이라는 것은 과거 경험을 되풀이하여 활용하는 능력보다 지식적으로 끊임없이 배워나가면서 새로운 영역을 개척해 내는 능력을 가진 사람을 뜻하는 것이다.

CHAPTER 4

미래에 대한 결정을 해라

대부분 직장인들은 과장이 되면서부터 부담을 많이 느끼게 된다. 가장 열정이 살아있는 직급이기도 하지만 그만큼 앞으로 짊어지게 될 일들이 많기 때문이다. 대부분 30대 중반 정도면 결혼을 하여 아이도 있게 되고, 돈이 들어갈 일들이 태산이며 회사 내에서의 성과도 본격적으로 내야 하기 때문이다.

이런 과장급은 앞으로 회사생활을 어떻게 해야 되는지 더욱 고민해야 되는 시기이기도 하다.

직장생활은 모두가 비슷한 상황이지만 요즘의 직장생활은 과거와는 많은 부분 다른 것이 사실이다. 기업들의 경쟁상황도 점차 치열해지고 있으며 직장인들에게는 평가 보상시스템으로 더욱 강한 능력주의 시대로 변모해가고 있다. 이제는 능력이 뒤떨어지는 직장인은 견디기가 어려워진 시대이다. 과거 학연과 혈연을 앞세워 다니던 직장인들의 시대는 간 것이다.

사원에서부터 사장에 이르기까지 평가에 의한 개개인의 KPI(Key

Performance Indicator)가 있기 때문에 더욱 치열한 경쟁관계가 회사 내에서 유지되고 있다. 모든 업무 자체가 KPI 시스템으로 운영되고 있기 때문에 한순간의 요행을 바랄 수는 없게 되었다. 평가점수는 지속적인 누적으로 관리되기 때문이다. 이런 모습은 과거 주관적 평가기준에 의해서 세워진 인재기준이 철저한 성과주의 문화에 따른 성과평가 시스템에 의해서 자신이 평가되고 있는 부분을 알아야 한다.

성과주의 시스템은 기업들에게 일반적이지만 점차적으로 공무원이나 교사들에게도 철저하게 적용되는 추세이다. 요즘은 학부모나 동료 교사들 앞에서 담임교사가 평가를 받고 있는 시대이다. 뿐만 아니라 교사들도 평가가 적용되어 수업을 게을리 하거나 노력하지 않으면 퇴보될 수밖에 없다.

얼마 전에 초등학교 교사인 아내와 정년에 대한 이야기를 나눈 적이 있다. 나는 교사들 정년이 만 62세라는 부분에 대해서 아내에게 이렇게 이야기했다.

"교사는 정년까지 다닐 수 있어서 좋은 직장 같은데."

그랬더니 아내는 아니라는 식의 반응을 보였다.

"요즘은 정년까지 채우는 교사들은 거의 없고 보통 40대 후반이면 명예퇴직을 준비하는 교사가 많은데요, 교사도 과거와는 달리 정년까지 채운다는 생각을 요즘 교사들은 많이 안 해요."

이런 대답에 교직사회도 많은 부분 과거와는 달라진 것 같은 느낌이 들었다. 내가 초등학교 시절만 해도 백발이 하얀 선생님께서 1, 2학년들을 가르쳐 주셨는데, 지금은 거의 찾아볼 수 없는 모습이라고 한다. 과거에는 교사가 박봉의 월급이었지만 사명감과 자부심이 많았다. 하지만 요즘 교사들은 급여수준도 높아졌고 임용되기가 무척이나 힘든 만큼 학력수준도 상당히 높은 편이다. 그렇지만 기대에 못 미치는 교직사회에 실망을 하여 다른 길을 찾는 교사들도 많다는 것이다.

직장생활을 10년쯤 한 직장인은 자신의 미래에 대해서 결정을 할 시기이다. 더 이상 회사 내에서의 발전성이 없다고 판단되면 빨리 미래에 대한 준비를 서둘러야 한다. 인식을 하면서도 실행을 하지 않고 시간만 보내서는 앞으로 닥쳐올 미래에 대해서 무방비 상태가 될 소지가 크다. 미래 준비시간을 위해서 시간을 투자하고 관심 부분에 대해서 미리 준비하는 적극성이 무엇보다 필요하다.

반면에 회사 내에서 끝까지 승패를 걸겠다고 생각한다면 자신의 위치를 더욱 견고히 강화시켜 나가야 한다. 자신이 회사 내에서 어느 정도 인정받고 있다고 판단하면 더욱 박차를 가해서 노력해야 할 것이다. 과장 정도가 되면 회사 내에서 성장할 수 있겠다는 판단을 어느 정도 할 수가 있다. 자신이 하고 있는 직무에 따라서 혹은 주위에서 바라보는 평판, 위층에서 신뢰를 주는지 등을 파악해 보면 쉽게 알 수가 있다. 결과적으로 과장급에서 자신의 미래에 대한 보다 현명한 결정이 필요하고 그 결정에 따라서 주력하는 것이 향후 인생을 살아가는 데 도움이 될 것이다.

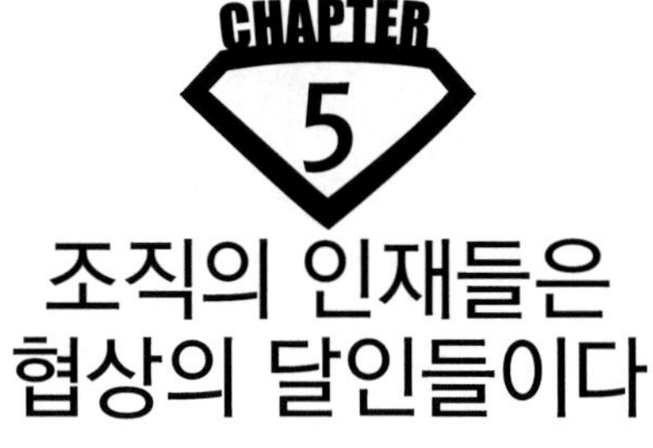

조직의 인재들은
협상의 달인들이다

당신이 만약 어느 부서로 발령 날 경우 인사부서에서 사전에 협의 과정을 거쳐주는가? 아니면 이미 결정되어 있는 발령에 대해서 통보만 해주는 식인가? 아니면 사전에 전혀 모르는 상태에서 발령을 받은 후 당신이 가야 되는 부서가 어디인가를 아는 식인가?

단순한 질문이지만 이러한 답변은 당신이 회사 내에서 어떤 역할인지를 판단하는지 중요한 기준이 될 수 있다.

만약 첫 번째 경우라면 당신은 조직 내에서 어느 정도 위치에 있거나 능력을 발휘하는 사람으로 평가받고 있을 것이다. 보통은 인사에서는 원칙이 있기 때문에 사전에 누구와도 협의과정을 거치지 않는 것이 철칙이다. 하지만 인사에는 언제나 예외가 적용되는 법이다. 반드시 필요로 하는 인재라면 회사는 사전에 발령자에 대해서 갈 것인지 말 것인지 협의를 꼭 거친다. 이러한 경우에는 자신의 의사에 의해서 안 갈 수도 있는 것이다. 발령 전에 본인에게 의사를 사전에 물어본다는 것은 대단한 위치에 있다는 것만을 명심해라.

　그리고 두 번째 유형은 발령을 결정해놓고 통보해 주는 것이다. 이러한 유형은 부서에 따라서 또는 위치에 따라서 해석이 달라질 수가 있다. 중요도가 덜한 부서거나 현재와 별다르지 않는 부서라면 사전에 통보만 해주는 경우가 많다. 특별하게 상황적으로 달라지는 것이 없다고 판단하기 때문이다.

　마지막으로 전혀 사전에 어떠한 협의나 통보가 없이 발령이 나는 경우이다. 직급이 낮은 경우에는 특별한 문제가 없다고 판단할 수 있지만 직급이 어느 정도 위치에 있는 사람이라면 조직 내에서 밀려나 있다고 판단할 수 있을 것이다.

　대부분 인사라는 것은 비밀스럽게 진행되지만 모르는 사람을 좋은 자리에 앉히지 않기 때문에 윗선과 사전에 커뮤니케이션이 되는 경우가 대부분이다.

　조직에서는 협상을 할 수 있는 힘이 있어야 한다. 조직도 엄연히 인재와 비인재 등에 대해서 구별이 명확하게 되어 있기 때문이다. 인재라고 판단하면 회사는 그 사람의 말을 무시하지 못한다. 회사가 일 잘하는 인재는 서로 모셔가려고 노력하는 것이 조직의 생리이다.

　하지만 인재가 아니라고 생각하는 당신일지라도 충분히 회사에서 좋은 위치에 있을 수 있는 기회가 있다. 그것은 피하지 말고 협상을 강화하는 것이다. 보통 인재들은 협상의 달인들이다. 만약에 당신은 자신의 위치에서 최선을 늘 다해왔고 부족함 없이 일을 해왔지만 조직 내에서 발전되는 모습은 보이지 않는다면 한번쯤 자신을 발전시키는 협상 카드를 들어내는 것이 현명할 것이다. 이를테면 타부서로의 직무 순환을 한번쯤 요청해 보는 것이다. 당신이 조직 내에서 또는 상사입장에서 필요로 한다면 어떻게든지 잡아두려고 노력할 것이다. 또 다른 협상카드는 조직 내 인원을 보강해달라는 협상카드를 제시해봐라.

하지만 협상카드는 무작정 제시하는 것이 아니라 당신이 어느 정도의 성과를 지금까지 이루어왔고, 윗선에서도 당신의 존재감이 있다는 판단이 서면 카드를 꺼내라는 것이다. 그런 제안을 받는 당신의 상사나 회사는 당신에게 최대한 협상을 해주려고 노력할 것이다. 가만히 앉아서 묵묵히 일하는 사람들보다 분명히 한 단계 우위에서 당신의 존재감이 드러나 있을 것이다. 먼저 협상카드를 제시한다면 분명 당신은 협상을 통하여 보다 발전적인 사람으로 바뀌어 있을 것이다. 그리고 당신의 상사는 그런 노력에 오히려 적극적으로 지원해 줄 수 있는 모습을 가질 것이다. 그리고 한번쯤 더 아랫사람에 대해서 관심을 가지게 된다.

조직은 복잡한 것을 싫어한다. 또한 상사들은 문제가 일어나는 것 자체를 싫어한다. 극단적인 선택을 어려워하기 마련이다. 당신들은 적절한 범위 내에서 상사와의 협상을 통해서 자신의 위치를 재확인하는 노력이 필요하다. 시키는 일, 일상적인 업무만 하게 되면 당신의 가치는 낮아져 있다는 것을 명심해야 한다.

PART 3

직장생활의 패러다임이 바뀌고 있다

CHAPTER 1

직장생활은 한계가 분명히 있다

직장생활은 한계가 있기 마련이다. 지금은 잘나가고 인정받고 있는 직장인이라도 언제 어느 때 위기가 찾아올지 모르기 때문이다. 설령, 잘나가고 있다고 방심하더라도 사람관계가 맞지 않거나 업무의 성과를 올리지 못하면 금방 회사에서 나갈 수밖에 없는 처지에 놓이게 된다.

일반 사기업에 비해서 정년이 보장된다는 측면의 공무원은 좀 낫겠다고 생각할 수 있겠지만 변화와 혁신을 지속적으로 요구하는 공무원 사회도 과거와는 다른 모습을 보이고 있다.

한국사회가 IMF 전만하더라도 직장생활의 위험이 크지는 않았다. 대기업에 다니는 것은 성공의 보장으로 인정받았던 시대였지만 IMF 이후 많은 구조조정을 겪으면서 한국 직장인의 문화는 달라졌다.

그만큼 과거와는 달리 직장 생활 속에서 남들보다 몇 배는 더 노력해야 되고 어려움도 참아내야 되는 가장의 역할이 무거워진 것이 사실이다. 그냥 직장을 다니는 것이 아니라 경쟁관계 속에서 남보다 한 발 앞서나가기 위한 노력을 게을리 하지 않으면 안 된다. 미래 불안감이 증폭되면서 너도나도 재테크의 인기가 올라가기 시작했고 지금도 미래 위험을 준비하지 않으면 안 된다는 측면에서 재테크를 시작하는 사람들이 많이 있는 것이 실정이다. 하지만 재테크가 인기를 얻는 것은 그만큼 미래 사회에 대한 불안감이 많다는 뜻으로 해석되기 때문에 안타까운 현실인 것이다.

이 시대 직장인은 누구나 비슷한 환경일 것이다. 부모님께 많은 재산을 받지 않는 이상 직장생활을 하면서 가정을 유지하고 아이들을 성장시켜야 할 책임과 의무가 있다. 어깨가 무거운 이 시대 직장인들은 남모를 고민에 잠을 못 이룬 경우가 많을 것이다. 회사에서의 승진문제, 상사 또는 동료와의 관계문제, 비전문제 등 여러 가지 측면에서 고민이 되고 앞으로 살아간다는 방향에 대해서 많은 고민이 들 것이다.

한편으로는 불평등한 한국사회의 구조적 문제점을 꼬집으면서 돈 있는 사람들에 대한 반감을 사기도 하고 때론 그들을 부러워하면서도 자신의 지금 처지에 대해서 희망을 가지고 자식들을 보면서 스스로 위로하는 처지에 있는 직장인들이 대다수이다.

요즘은 직장취업 연령이 갈수록 높아져서 30대 초반의 나이에도 신입사원으로 입사하는 경우가 많아졌다. 50살까지 직장생활을 한다면 약 20여 년 직장생활을 하는 것이다. 물론 그 이전에 다른 일들을 할 수도 있다. 우리가 흔히 이야기 하는 직장생활의 계획이 필요한 이유가 바로 여기에 있다. 직장생활도 단계적으로 계획을 세워서 실천하는 지혜가 필요하다. 무계획적으로 직장생활을 하다보면 생각하지도 못한 위기에서 쉽게 좌절하기 때문이다. 앞으로의 10년은 직장생활의 위기가 더욱 많이 찾아올 수 있기 때문에 철저한 준비와 함께 본인의 경쟁력을 갖추는 노력이 절실하다.

하지만 너무 큰 염려는 하지 않아도 된다. 자신감을 가질 필요가 있으며 내가 현재 어렵더라도 인생의 전환점은 누구에게나 찾아오기 마련이며 그 기회를 놓치지 말고 잘 활용하면 당신도 부자가 되고 희망적인 당신의 일을 할 수 있을 것이다. 필자는 이제부터 새로운 각도로 준비하고 노력하면 지금보다 다른 직장생활을 할 수 있는 기회를 가질 수 있다고 자부한다.

CHAPTER 2

10년 뒤 한국사회를 예측하라

대한민국의 미래 10년은 과연 어떤 모습일까? 먼저 인구구조부터 살펴볼 필요가 있다. 1960년대에 65세 이상의 노인비중은 약 3% 수준이었는데 2000년에는 7% 선을 넘게 되었다. 2020년쯤에는 15%선을 넘어서게 될 것으로 보인다. 특히, 경제협력개발기구 OECD의 전망에 따르면 한국의 2020년쯤에는 인구감소가 본격적으로 시작된다고 보고 있다.

인구감소와 노령화는 노동력 감소로 생산성이 저하되는 측면에서 국가경쟁력에 많은 부분 어려움이 발생할 수 있다는 뜻이다. 현재에도 출산율이 저하되고 있는 원인은 다양하게 많지만 가장 중요하게 작용하는 것이 양육비용의 증가일 것이다. 저출산에 따른 사회적 변화가 무엇보다 빨라질 것이다.

10년 후의 한국사회는 안정적, 고소득이라는 직업들이 퇴보 될 것이며, 고령화 시대로 넘어서면서 다양한 직업들이 이에 맞게 새로 생겨나게 될 것이다. 특히 지금까지 고소득 직종으로 불렸던 의사와 변호사의 경우 더 이상 고소득을 보장받지 못하는 직업이 될 가능성이 크다. 10년 후는 누구나 의사와 변호사가 되면 일정 소득수준이 된다는 상식이 없어질 가능성이 크며 무한경쟁시대에서 서로간의 경쟁을 통하여 소득이 보장받는 시대로 변화하게 될 것이다.

또한 사회적 지위가 높은 교수의 경우도 다르지가 않을 것으로 전망된다. 교수의 경우 학생 수의 감소로 인해서 구조조정이 더욱 심하게 몰아쳐 생존의 어려움이 더욱 심해질 전망이다. 교사 역시 안정적인 직장이라는 개념이 10년 후에는 크게 달라질 전망이다. 학생 수의 감소와 학부모의 자녀에 대한 교육 관심도가 증가되면서 사교육비용이 증가가 예상되어 공교육을 담당하는 교사들의 권위가 사실상 많이 약화될 가능성이 크기 때문이다.

그렇다면, 10년 뒤에 한국사회의 직장인들의 모습을 어떨까? 지금보다 훨씬 더 많은 노력을 요구하고 치열한 경쟁으로 증가될 것이다. 현재 2010년도에도 2000년에 비해서 직장생활의 모습이 상당히 달라져 있기 때문이다. 더 개방적으로 변화될 것이며, 생각의 자유도 훨씬 더 넓어질 것이다. 반면에 능력이 떨어지면 그만큼 버티기가 힘든 시대가 될 것으로 전망된다. 결과적으로 능력이 있어야만 앞으로의 시대에서는 성장할 수가 있다는 뜻이다. 지금까지의 학연과 혈연 등이 존재해 온 시대에서 점차적으로 능력과 성과 중심의 사회적 패러다임이 형성될 것으로 전망된다.

직장생활 역시 한우물만 파기보다는 다양한 경험과 자기계발이 뒷받침 되어야만 10년 후의 직장에서 성과를 낼 수가 있을 것이다. 지금까지는 대기업 중심의 직장생활을 선호했다면 향후 10년 뒤에는 튼튼한 중소기업의 영역이 더욱 넓어질 것이다. 현재의 구직방향도 10년 뒤 성장가능한 중소기업의 영역에서 자신의 경쟁력을 구축하는 것도 하나의 방법일 것이다.

또한, 산업부분에서는 고령화 사회로 접어들면서 실버산업이 본격적인 호황기를 맞이할 것이다. 이웃나라 일본의 경우에는 이미 고령화 사회로 접어들어 있어서 다양한 실버산업이 발전해 있다. 국내의 경우에도 향후 10년을 내다본다면 노인을 위한 먹거리, 편의사업, 놀이사업 등의 신사업이 많은 부분 연구되어 진다면 시장 발전성이 크다고 본다. 이러한 인구변화로 인하여 산업의 기회요소를 파악한다면 10년 뒤에 우위에 서게 될 것이다.

하지만 10년 뒤를 내다보지 못한다면 당장은 모르지만 서서히 경쟁력은 저하되어 퇴출 위기를 맞게 될 것이다. 당신의 위치는 이미 평가되어 있고 그 위치에 따라서 조금씩 찾아올 것이다. 과장 이상의 직급에서는 회사 내에서 어떤 방향으로 갈지 이미 대부분 정해져 있는 것이 사실이다. 10년 뒤에 나의 모습을 그려보는 것은 미리 대비할 수 있는 기회를 만드는 것이다.

회사 내에서의 비전이 그려지지 못한다면 10년 뒤 창업을 할 것인지 아니면 다른 부서로 옮길 것인지 등 구체적인 계획을 세워두어야 한다. 아무리 노력을 한다고 하더라도 변화된 삶은 쉽게 바꾸기란 어렵기 때문이다.

CHAPTER

3

재테크는 직장인들에게 필수이다

남들은 이런 이야기를 한다. 급여생활자는 돈을 모으는 것이 어렵다. 하지만 급여 생활자들은 계획적인 지출관리를 가능하게 하고 조금만 관리한다면 낭비적인 금액을 차단하게 되는 효과가 있어서 큰 금액은 아니더라도 효과적으로 저축할 수 있는 기회가 생긴다.

요즘 우리 주위에는 짠돌이 직장인들이 많아졌다. 점심식사 값을 아끼기 위해서 도시락을 싸오거나, 택시는 가급적 이용하지 않거나, 귀가시간에 가끔씩 동료들과 술 한 잔 하던 여유도 사치로 생각하는 직장인들이 많아졌다.

하지만 이렇게 작은 돈이 모아지게 되면 어느새 큰 목돈이 생기게 되는 것을 보고 놀라게 된다. 돈을 모으는 것은 습관과도 같다. 돈을 절약하는 습관을 가지면 돈은 저절로 모아지게 된다. 씀씀이를 절약하고 나중을 위해서 저축하는 습관은 미래를 위한 투자인 것이다.

직장인들은 돈을 벌면 벌수록 모아지는 것이 아니라 씀씀이가 커지는 현실을 보면 저절로 한숨이 나오게 된다. 자녀 교육비의 증가와 함게 급속하게 오르는 집값을 생각하면 머리가 지끈지끈하기 시작한다.

직장인들은 젊은 나이에 돈이 들어갈 때가 참으로 많다. 결혼을 하려면 결혼비용, 주택비용, 자식을 낳게 되면 양육비용 등등 직장생활을 하면서 어떻게 이런 돈들을 다 모아야 되는지 한숨이 저절로 나오게 된다.

하지만 큰돈을 먼저 생각하기보다는 일정한 기간을 두고 얼마씩 적금을 넣어둔다면 돈이라는 것은 시간이 지나게 되면 모아지게 마련이다. 직장생활에서 70% 이상은 저축을 하는 습관을 가져야 되며 직장생활을 하면 할수록 지출도 많아지기 때문에 저축에 대한 목표는 분명하게 가지고 가야 한다.

내가 아는 A씨의 10년 전 재테크 성공사례를 소개하고 싶다. A씨는 10년 전 중견기업에 신입사원으로 입사하여 월평균 급여가 180만 원 정도 되었다. 입사하자마자 월 50만 원씩 2개의 적금통장에 나누어서 3년 만기 적금을 들었다. 금액을 조금씩 늘려서 1년 후에는 120만 원씩 적금을 넣었고 또 2년 후에는 130만 원씩 불입하였다. 조금씩 늘어난 금액은 3년 후에 150만 원으로 저축액이 늘어나게 되었다. 3년을 불입하게 되니 5,000만 원이라는 목돈이 생겼고, A씨는 목돈으로 아파트를 구입하기로 맘먹었다. 결혼과 동시에 대출을 받아서 수도권의 한 아파트를 분양받았다. 아파트의 가격상승이 높아지게 되면서 소액으로 투자하는 재미가 늘어나게 되었다. 저축으로 목돈을 만들어서 소액투자를 지속적으로 해온 결과 직장생활하면서 적지 않은 자산을 가지게 되었다.

지금도 A씨는 매달 급여의 70%를 저축하고 있으며, 저축을 통해서 다양한 소액투자를 지속적으로 넓혀가고 있다. 만약, A씨가 저축하는 습관을 가지지 않고 직장생활 10년 동안 놀기만 했다면 지금쯤 큰돈을 얻을 수 없었을 것이다. A씨는 미래 10년 뒤 자신의 직장생활의 불안감을 해결하기 위한 방법으로 저축하는 습관을 가졌는데 나름대로 저축의 철학을 가지고 있는 편이다. 쓸 때는 과감하게 쓰고 저축은 꾸준하게 한다는 원칙이다. 자칫 저축으로 인해서 인간관계까지 무너트리고 싶지는 않다는 뜻에서이다. 저축하는 습관을 들이고 계획성 있게 지출계획을 세우면 목돈은 저절로 만들어 지게 된다. 나가는 비용을 대폭 줄이고, 미래 자금계획을 세워둬서 작은 돈이라도 몇 년간 일정하게 불입한다면 직장생활하면서의 재미도 느끼게 될 것이다.

CHAPTER

4

모든 것이 30대에 결정된다

    요즘, 50대 직장인을 찾기가 어렵다. 특히, 대기업에서는 더욱 찾기가 어렵다. 주위를 봐도 50대 직장인은 임원이지 평사원으로는 거의 없다고 봐도 좋을 듯하다. 사실, 요즘 50대 직장인은 임원이 된다고 하더라도 좋은 느낌은 안 든다. 과거에는 화려한 임원은 직장생활에서 성공의 보상이었고, 많은 권한이 뒤따랐다. 하지만 요즘은 그야말로 임원도 임시직원이라는 느낌밖에는 들지 않는다. 언제 잘릴지 모르는 그야말로 임시 직원들이 많기 때문이다. 임원들의 말 한마디에 요즘 직장인들은 긴장하지 않는다. 사실, 임원보다 사원이 더 오래 회사를 다닐 텐데, 나가실 몸으로 생각되어 밑에 직원들도 충성을 맹세하지는 않는다는 뜻이다.

    회사에서 버틸 수 없게 된 직장인은 대부분 40대 후반에서 50대 초반 나이로 중소기업 임원으로 이직을 많이 한다. 하지만, 이 경우에도 버틸 수 있는 여력은 많지가 않다. 중소기업의 경우 급여도 차이가 나고, 과거 회사에서 생활했던 측면이 습관화 되어 있기 때문에 적용하기가 쉽지가 않다. 모든 것들을 버린다는 새로운 각오가 아니면 쉽지가 않다.

결과적으로 몇 군데씩 이직하다가 현업에서 은퇴하는 경우가 대부분이다. 중요한 것은, 직장생활은 일정한 패턴이 있게 마련이다. 지금까지의 직장생활 흐름은 나이가 들고 직급이 높아지게 되면 큰 기업에서 작은 기업으로 이동하기 마련이다. 아무래도 과장 이상의 직급에서 이직을 하게 되면 본인의 경력을 활용하기 쉬운 회사를 선택하기 때문이다.

직장의 수명을 연장할 수 있는 가장 중요한 시기가 바로 30대라는 것이다. 30대의 전문성이 결과적으로 향후 20년 동안 근무할 수 있는 능력을 갖추는 시기이기 때문이다.

보통 대리 직급까지는 다양한 직무의 경험을 해보는 것이 좋다. 과장 정도의 직급이 되면, 향후 차장, 부장을 앞두는 중요한 순간으로 얼마만큼 의욕적으로 일하는가에 따라서 승진이 좌우된다. 또한, 본인의 커리어를 훌륭히 관리해 왔다면 현재의 직장보다도 더 큰 회사로도 이직할 수 있다. 중요한 것은 30대에서 튼튼한 버팀 몫이 되어야만 향후 40~50대의 안정적인 직장생활을 유지하게 됨을 잊지 말아야한다.

결과적으로 직장생활도 주기가 있게 마련이다. 이런 주기를 잘 파악하고 본인이 어느 순간에 최대의 성과를 올려서 그 성과를 바탕으로 향후 직장생활을 할 수 있을지를 판단하는 것이 중요하다. 인생의 라이프 사이클이 있는 것처럼 도입기-성장기-성숙기-쇠퇴기의 직장 사이클이 있다는 것을 명심해야 한다. 일반적으로 직장 사이클을 도입기

(20대), 성장기(30대), 성숙기(40대), 쇠퇴기(50대)라고 하며 성장기 30대를 잘 활용해야만 성숙기와 쇠퇴기에서 남들보다 훨씬 더 많은 나이에도 직장생활을 유지할 수 있는 밑거름이 된다.

30대의 다양한 경험과 자기관리를 잘 한다면 40대 성숙기시기에서 남들보다 한발 앞서있게 될 것이며, 쇠퇴기를 바라볼 때 많은 것들을 준비할 수 있는 여력이 된다. 이점을 잊지 말아야 하며, 30대에 많은 것을 도전하고, 부족한 점을 보완하기 위한 자기계발에 박차를 가해야 하는 점을 잊지 말아야 한다.

우리 주위에서 보면 30대의 젊은 나이에도 불구하고 이미 쇠퇴기에 접어든 사람들도 많이 볼 수 있다. 환경적 원인이 될 수도 있겠지만 이러한 유형은 자신감도 없고, 무기력하고, 할 수 없다는 부정적 사고가 많다. 또한, 이러한 유형의 특징은 자기계발을 전혀 하지 않는다는 것이다. 지금의 상황이 편하다고 생각하며, 이미 30대에 40~50대의 사고가 나타나서 굳이 노력을 하지 않아도 괜찮다는 편의주의가 지배적이기 때문이다.

중요한 것은 이런 유형의 사람이라면 안타깝지만 40대, 50대에는 더욱 어려움에 처할 확률이 높다. 30대 성장기에 본인의 능력을 발전시키는 자기계발이 부족하다는 것은 이미 40~50대의 직장생활을 포기한 것과 마찬가지이다.

내가 아는 선배의 과거 이야기를 소개하고 싶다. 대기업에 좋은 미래가 보장되었던 선배가 어느 날 회사를 옮기겠다고 찾아왔다. 근무환경도 좋은데, 굳이 왜 회사를 옮기냐고 했더니, 스트레스와 너무 많은 야근에 피로도가 높다는 것이었다. 이런 이유 등으로 30대 초반의 나이에 좀 더 편한 근무환경을 찾아서 이직을 하겠다는 것이었다.

결국은 보수를 낮추어 20명 내외 근무하는 모 협회에 입사를 하였다. 입사한 직후 근무환경이 사기업보다는 편했고 매우 여유가 있어 보였다. 하지만, 선배는 몇 년이 지난 이후 다시 이직을 고려하게 되었다. 이유는 매일 반복적인 업무에 단순한 일로 자신의 가치를 느끼지 못한다는 점과 사람과의 갈등이 발생했을 때 일반 회사와는 달리 부서를 옮길 수도 없이 평생 같은 부서에서 근무한다는 제한된 측면 때문이었다.

하지만 이직을 시도했으나 이미 많은 것을 30대 초반에 포기한 선배는 30대 후반의 나이와 협회에서 일한 경력을 받아줄 만한 회사는 많지가 않았다. 결과적으로, 회사를 나와서 현재도 직장을 구하지 못하여 실업자가 되고 말았다.

만약, 30대 초반의 나이에 최소한 10년 정도의 전문성을 쌓았다면, 이야기는 달라질 것이다. 작은 일화지만 우리 주위에서는 많이 발생되는 이야기이다. 일반적으로는 안정적인 직장이 좋을 것이라고 생각되지만, 안정적인 직장은 사회에서 인정하지 못하는 부분이 있다는 것을 명심하고 너무 젊은 나이에 안정적인 것만 추구해서는 40~50대의 미래 직장을 이어가기에는 한계가 있다는 점을 명심해야 한다.

30대의 나이에 가장 왕성하게 활동하고, 일은 힘들더라도 지금의 시간이 향후 40~50대의 나이에서 큰 존재감이 된다는 사실을 잊지 말고, 현재의 상황쯤은 극복하는 지혜를 터득하는 노력이 필요한 것이다. 우리가 흔히 이야기하는 삼팔선, 사오정, 오륙도라는 말이 있다. 이 뜻은 전혀 자기계발을 하지 않는 사람들에게나 해당되는 말이다.

입사를 하기 위해서 쟁쟁한 경쟁자들을 물리치며 회사에 왔지만 정작 회사입사 이후 자기계발이나 노력 등을 하지 않을 경우 삼팔선, 사오정이 되는 것이다.

얼마 전에 모 대기업에서 과장급 진급 제도를 가지고 인사위원회가 있었다. 입사 초기에는 대부분 토익이 900점을 넘는데 7~8년이 지나면 300~400점대 하락되어 과장 진급 기준인 600점을 넘지 못해서 문제라는 것이었다. 과장 진급 시 탈락하는 가장 큰 이유가 토익성적이 부족해서라는 것이다.

특히 30대 직장인들의 경우 과거에 자신들이 경험한 성과에 자만하는 경우가 많다. 회사를 입사하기 위해서 노력한 결과물들이 아직까지 유효할 것이라는 대단한 착각이다. 우리의 사고는 과거에 이미 자신들이 경험한 것들로 익숙해져 있기 때문이다.

현재 미국 뉴욕양키스에서 뛰고 있는 박찬호 선수는 메이저리그에서 20여 년 가까이 활동하고 있는 역사상 찾기 어려운 선수중 한명이다. 메이저리그에서 오랫동안 활약할 수 있는 비결은 빠른 직구에서 벗어난 피나는 노력으로 다양한 구위를 개발했기 때문이다.

결국은 직장인들도 10년, 20년 동안 직장생활을 하면서 과거 경험에 의한 성공경험만 가지고는 좋은 성과가 나올리 없다. 지속적인 성과는 자기를 변화시키는 피나는 노력과 땀이 뒷받침 되어야 하는 것이다.

직장생활 성공 포인트

구분	연수	나이	반드시 고려해야 될 점
사원	3~4년	28~30살	직무경험을 충실히 수행해야 된다 가능한 다양한 분야에 관심을 가져라 저축을 많이 하라 대학원에 무조건 다녀라 한 회사에 최소 3년은 다녀라
대리	3~4년	31~34살	직무에 대한 전문성을 높여라 의사결정에 참여하고 주도적이 되라 대학원을 고려해보라 어학공부를 게을리 하지 마라 전문 자격증에 도전해 보라 사람과의 관계를 넓혀라
과장	3~4년	35~38살	대인관계의 폭을 확실히 넓혀라 직무전문 자격증을 취득하라 리더십에 관심을 가져라 성과관리에 중점을 두어라 상사와 한 배를 타라 향후 10년의 방향을 정해라 어학공부를 주 2회 이상 해라
차장	3~4년	39~42살	그 분야의 전문가가 되라 부하직원을 챙겨라 유능한 부하직원을 두어라 팀장이 되도록 노력해라 대외 활동을 넓혀라 정치적이 되지 말라
부장	3~4년	43~46살	의사결정은 신중히 하라 핵심적인 성과만 도출해라 부하직원의 육성에 최선을 다해라 사내외 이미지 관리를 해라 생활어학은 필수로 익혀라 팀장들과 보조를 맞춰라 상사에 적극성을 보여라

CHAPTER 5

젊어서부터 줄서지 말라

보통 회사에서는 줄 잘 서는 사람이 출세한다고 한다. 어느 정도는 맞는 말이다. 하지만, 나는 회사생활을 하면서 괜한 썩은 줄을 미리부터 잡았다가 끊어지는 아픔을 경험한 사람들을 주위에서 많이 봐왔다. 회사에서는 줄이라는 것이 어느 정도 필요한 부분도 있지만, 드러내놓고 "당겨주십시오" 하는 행동은 정말 어리석은 짓이다. 지금이라도 주위에서 줄을 너무 팽팽히 잡아당기지 말라는 조언을 해주는 사람이 있으면 명심하는 것이 좋을 것이다.

임원이 바뀌면, 팀장도 바뀔 가능성이 크다. 하지만 팀장이 바뀌면 팀원은 생존력이 더욱 오래 간다. 그 이유는 실무업무를 팀원이 담당하게 되기 때문에 팀원이 바뀔 가능성은 낮다. 그래서 회사가 더욱 어려워지면 팀원들은 더욱 기회가 많아지게 된다.

일 잘하는 직원은 서로 끌고 가려고 하는 것이 직장에서 원칙이다. 하지만 일을 잘하건 못하건 간에 부하직원이 떠난다고 하면 대부분의 팀장은 말리는 것이 생리이다. 왜냐하면 당장에 일할 사람이 없게 되면 차질이 불가피하기 때문이다.

만약에 좋은 부서에 갈 수 있는 좋은 기회가 본인에게 온다거나 타 부서 팀장으로부터 제안이 들어온다거나 하면 많은 고민을 하게 된다. 중요한 것은 본인의 미래에 도움이 되는 가를 파악하는 것이 중요하며, 절대 현재의 팀장에게 미안한 마음을 가지지 말라는 것이다. 특히, 이런 경우 부하직원의 미래를 위해서 보내주는 것이 진정한 팀장이다.

하지만, 내가 너를 끌어 줄 테니 계속 있으라는 말은 믿지 않는 것이 좋다. 직장생활은 언제 어느 때 변화가 닥칠지도 모르고 당신의 상사도 언제 나갈지도 모르는 것이다. 끈에 의해서 좌우되는 직장생활은 수명이 짧을 수밖에 없다.

중요한 것은 본인이 판단할 때는 과감하게 판단하고, 너무 젊어서부터 팀장의 미안함을 고려하여 일하는 것은 바람직하지 않다. 더 나가서는 임원, 심지어는 사장까지도 그런 말은 별로 도움이 되지 못하며, 끈을 잡는 순간 능력보다는 끈에 의존하는 직장생활이 되기 때문에 오히려 경쟁력이 저하된다는 것을 명심해야 한다.

진정한 어려움에 처했을 때 회사는 능력 있는 사람에게 관심을 가게 마련이며, 젊을 때는 특히 끈을 잡든, 줄을 서든지 간에 너무 표현하지 말고 자신의 일에 집중하는 자세를 보이는 것이 더욱 바람직하다. 넓은 생각을 가지고 회사에 얽매여 있지 말고 더 큰 회사의 업무 영역도 바라보면서 일하는 지혜가 필요하다.

또한 중요한 것은 줄 서는 것 이외에 회사에 대해 불평하지 말라는 것이다. 즉, 회사는 믿을 수 있는 사람이 제한되어 있다는 뜻이다. 누구도 믿지 말라는 의미가 어떻게 보면 삭막하고 늘 속고만 살아온 사람처럼 느껴질지도 모르겠다. 하지만, 이 말에 대부분의 사람들은 고개를 끄덕일 것이다. 직장에서는 회사에 불만을 가지고 있거나, 조직 전체에 안 좋은 영향을 미치는 사람에 대해서는 꼼꼼하게 관리하고 있다는 것을 명심해야 한다. 그것은 조직이기 때문이고, 타인이 가지고 있는 정보를 얻고자 하는 욕망이 성과라는 측면에서 사람을 관리하고 있기 때문이다.

특히 회사는 조직에 해를 미칠 위험성에 대해서 항상 경각심을 가지고 있다. 작은 부분일지라도 말을 전할 때는 항상 심사숙고하고 상대방에 대해서 신뢰할 만하다는 생각을 버리는 것이 좋다. 아무리 친한 사이라도 등을 돌리게 되면 적으로 변하는 것이 조직생활의 원칙이기 때문이다.

수평적 문화가 대세이다

IMF 전까지만 해도 국내 기업들은 상하간 위계질서가 엄격했고 보수적 성격이 강했다. 심지어 어떤 회사에서는 회식자리에서 고기를 먹는데도 순서대로 먹고, 웃을 때도 마음대로 웃지도 못했다고 한다. 하지만 이런 보수적 회사문화가 지금은 경쟁적 성과문화로 바뀌어가고 있다. 10년 전만 해도 후배가 입사를 하면 회의 전에 선배들 커피 타기에 바빴고, 선배들 말이라면 하나도 빠짐없이 메모할 만큼 위계질서가 분명했다.

하지만 요즘은 신입사원이 입사를 하게 되면, 무조건 나보다 능력이 뛰어나다는 점을 잊지 말아야 한다. 결과적으로 내가 회사에 입사할 때의 기준보다 몇 배는 더 어려워졌고, 능력도 더 뛰어난 사원이라는 점을 먼저 인정해야 된다.

아직도 이런 점을 인식하지 못해서 후배사원에게 커피 심부름을 시켰다가는 사장님께 불려갈지도 모른다. 그만큼 과거와는 다르다는 것을 인식하고, 능력이 뛰어난 후배를 어떻게 하면 내가 배울 수 있는지 파악하는 것이 보다 합리적인 직장생활을 하는 기회가 될 것이다. 하지만 선배직장인들은 이런 점을 인정하기는 싫을 것이다. 그래도 어엿한 선배고, 직장에서는 위계질서가 중요하다고 생각하니 말이다.

중요한 것은 직장에서의 능력과 실력이라는 것을 근속년수로 평가하는 시대는 이미 지나간 지 오래되었고, 앞으로는 더욱더 능력과 실력만이 직장에서는 통하게 된다는 사실이다. 지금도 연봉제가 많은 기업들에게 보편적으로 시행되고 있고 본인의 연봉보다 직급이 낮은 후배가 훨씬 더 많이 받는 사례는 더 이상 남의 이야기가 아니다.

결과적으로 성과주의 문화가 정착되면서 과거처럼 위계문화로만 평가하는 시대는 지나갔다는 것이다. 지금의 성과문화가 앞으로는 더욱더 커질 것이고, 경쟁력이 없는 직원은 30대라도 후배에게도 밀려나게 되어있다. 최소한 최근 입사하는 후배사원의 경우 본인들보다 몇 배의 노력으로 자기계발을 해나가고 있으며, 취업난속에서 엄청난 경쟁률을 뚫고 입사한 그 능력이 선배사원의 자기계발을 뛰어넘기 때문이다.

수평적 문화로 요즘은 호칭도 많이 바뀌고 있다. 이름 끝에 '님'자를 부르는 회사가 많아지고 있으며, 직무도 팀장 이외에는 직급에 구애를 두지 않고 같은 직무를 하는 경우도 많다. 팀장을 하다가도 어느 날 팀원이 되기도 하며, 팀원 중에서 다시 팀장이 되기도 한다. 이런 것들이 반복되면서 자연스럽게 위계문화는 사라지고, 오직 실력과 능력만이 평가받는 직장생활이 지속되고 있다. 향후 10년 뒤에는 더욱더 이런 시스템이 보편화될 것이며, 자존심 하나로 지식의 무지함까지 덮을 수 있던 시대는 이미 끝났으며, 수평적 시대를 넘어서 직무까지도 평준화 시대가 다가오고 있다.

직장생활 중요 포인트

구분	부하 직원에게 존경받는 상사가 되는 법	상사에게 인정받는 부하직원이 되는 법
1	부하직원을 하루 1번 칭찬할 것	일처리를 빨리 할 것
2	본인이 직접 업무지식을 자세히 가르쳐 줄 것	보고서에 오타를 줄일 것
3	일방적으로 말하는 것보다 경청의 시간을 늘릴 것	절대 지각하지 말 것
4	사소한 업무라도 상호 공유할 것	사소한 것이라도 사전에 보고할 것
5	타 부서원들에게 적극적으로 소개시켜 줄 것	사전에 문제점에 대해서 질문할 것
6	비전을 공유해 줄 것	자기계발을 철저히 할 것
7	학습하는 모습을 보일 것	다양한 정보를 제공할 것
8	챙겨주는 모습을 보여줄 것	부서에서 자발적으로 총무 역할을 할 것
9	퇴근시간에 제한을 두지 말 것	팀장보다 먼저 출근할 것
10	회식약속은 사전에 의사를 물어볼 것	활기차게 먼저 인사할 것

CHAPTER 7

정년 보장이 좋은 것만은 아니다

IMF 이후 직장의 개념이 완전히 달라졌다. 평생직장이라는 개념은 사라졌고, 더 이상의 안정적인 직장은 없다는 사실을 깨닫게 되었다. 또한 신입사원 취업의 관문은 해가 갈수록 어려워지고 있다. 요즘 취업시장을 보면 자격증은 몇 개가 기본이고, 외국 어학연수, 토익성적, 각종 사회활동 등 다양한 스펙 등이 있어야만 면접을 볼 수 있는 기회가 생긴다.

흔히들 안정적인 것만 추가한다면 공기업, 공무원만큼 편한 직장도 없다고 생각할 것이다. 하지만, 중요한 것은 본인의 목표와 도전의식도 없이 무조건 편한 곳만 찾아다니다가는 경쟁력이 저하되는 것임을 잊지 말아야 한다.

국내 한 공기업에서 근무하는 인사담당자와 미팅을 한 적이 있는데 정년보장은 옛말과도 같다고 한다. 지금은 일반 기업들에서 도입되는 평가체제와 연봉제로 공기업들도 과거와는 많이 달라졌다는 것이다.

우리나라 공기업들의 신입사원들은 최고의 역량으로 입사를 하게 되지만, 본인의 역량은 오히려 퇴보하거나 경쟁의식을 느끼지 못하는 사례들이 많다. 결국 직무가 맞지 않거나 단순한 업무에 적응을 하지 못하고 퇴사하는 사례가 급속히 늘고 있는 것이다.

직장인들도 전문성의 영역이 가장 중요한 부분으로 다가서고 있으며, 전문성이 없으면 앞으로 회사 내에서는 성과를 도출하기가 어렵게 될 가능성이 크다.

한 직장에 평생 근무하는 것도 좋은 인상을 주지는 못한다. 왜냐하면 전문성 못지않게 중요한 것이 조직 적응력이기 때문이다. 한 직장에 오랫동안 머물러 있으면 업무상 능력은 뛰어나다고 판단할지는 모르지만 조직을 이해하는 데 한계가 있다고 판단하기 때문이다. 이럴 경우 적절히 대외활동과 함께 다양한 직무경험을 통하여 새로운 업무 영역을 넓혀나가는 것이 중요하다.

우리가 알아야 될 점은 정년을 보장받는 다는 것은 썩 좋은 것만이 아니다. 우선은 사람에 따라서 다르다고 볼 수 있다. 주도적으로 성취감을 얻고 새로운 것을 창조하는 사람들에게는 정년보장은 아무런 의미가 없다. 왜냐하면 정년을 100살까지 보장해준다고 해도 답답함에 그 이전에 다른 무엇을 할 가능성이 크기 때문이다.

정년을 보장받는 것은 경쟁관계가 깨져 있다는 것을 의미하기도 한다. 경쟁의 의미가 없고 일을 잘하건 못하건 누구나 오랫동안 회사생활을 한다면 의욕이 생기지 않는다. 그저 우리는 동지요 끝까지 가게 되니 서로 부딪히는 것은 피하고 내 일만 열심히 하면 되겠구나 하는 사고가 나오기 마련이다.

기업 환경에서는 정년보장은 정년까지 다닐 수 있는 나이를 의미하지 끝까지 다닐 수 있다는 사고는 그리 많지 않을 것이다. 20~30대 젊은 직장인은 정년 보장에 의미를 크게 둘 필요가 없다. 40대 이후 안정된 노후를 위한 정년에 중점을 두는 직장생활이면 모를까 30대부터 정년보장에 연연하여 직장에 만족하는 생활을 해서는 자기가치가 저하 된다는 것을 명심해야 한다. 그리고 한번 떨어진 자기가치는 나이를 점차 먹게 되면 회복되기가 어렵다는 사실을 깨달아야 한다.

정년 없이 자신의 일에 열정을 다할 수 있는 일을 찾아서 일하는 자세가 더욱 중요할 것이다.

PART 4
철저한 사업가형
직장인이 되라

CHAPTER 1

평생 다닌다는 착각을 버려라

대부분의 직장인들이 그렇지만 자기사업을 하지 않을 거라면 직장 생활에서 정년까지 보장된 안정된 생활을 누구나 원할 것이다. 하지만 우리가 처해 있는 직장 상황은 그런 안정된 환경을 보장해 주지 않는다. 오히려, 불확실한 미래에 대해서 한숨만 내쉴 뿐이다. 사오정, 삼팔선, 오륙도라는 말도 나온 지 오래되지만 청년실업이 사회적 이슈로 제기된 채 지금은 이태백이라는 말이 현실로 다가온 것은 더욱더 지금의 시대를 사는 청년 실업자들의 가슴을 아프게 한다.

30대 중반 이후의 직장인들은 앞으로 10년 뒤를 보장받기가 어렵다. 지금의 40대와 50대의 직장 상사들을 보고 있으면 준비하지 않으면 회사에서 언제고 나갈 수밖에 없는 입장이란 것을 알기 때문이다.

회사에서 과장, 차장까지는 승진을 할 수 있다고 보자, 40대쯤 부장이 되었을 때 임원이 되지 못한다면 회사에서는 더 이상 미래를 보장해주지 않을 가능성이 커지게 된다. 결과적으로 만년 부장으로 50대를 넘긴다는 것은 어려운 일이다. 아래에서 치고 올라오고 위에서 누르는 50대 만년부장은 직장 내에서 견디기 힘든 상황에 직면하게 된다. 30대 중반 이후부터 대체적으로 자신이 처해진 위치를 판단하여 향후 10년 뒤의 모습이 그려지게 된다. 40대의 고민이 점점 깊어지고 있는 것이 현실인 것이다.

한편으로 취업이 어려워지면서 사회생활을 시작하는 연령도 과거보다 나이가 많아지고 있다. 요즘은 남자 같은 경우 30대 초반에 신입사원으로 입사하는 경우도 많아지고 있는 것이 현실이다. 30대에는 결혼, 자녀출산 등으로 가정을 꾸려가는 시작단계로 돈 씀씀이가 만만치 않은 시기이다. 이 시기에 정상적인 직장생활을 하지 못하고 불안한 직장생활을 이어가는 모습을 주위에서 많이 볼 수 있다.

이런 측면에서 만약 당신이 30대라면 10년 뒤를 보장받을 수 있는지 한번쯤 고민해보아야 한다. 부모로부터 물려받은 재산이 많이 있으면 몰라도 그렇지 않고서는 대부분 월급쟁이로 인생을 마감해야 하는 처지일 것이다. 10년 정도 직장생활을 한 당신이라면 이후 10년을 보장받기 위해서는 과연 어떤 것들을 준비해야 하는가?

남들보다 더 빨리, 더 많이 노력해야만 10년 후 안정적인 자신만의 생활을 유지할 수 있다. 10년 후 당신은 눈치 보면서 인생을 살고 싶지는 않을 것이다. 그냥 다닌다는 생각은 금물이다. 이 책을 읽는 당신에게 해 줄 수 있는 말은 지금 당장 10년 후를 대비하고 모든 것들을 바꿔라. 반드시 당신에게 후회 하지 않는 인생을 안겨다 줄 것이다. 성공한 사람들의 모습을 그려라. 그리고 그들이 어떤 방식으로 성공했고 준비해왔는지 철저히 분석해라. 그리고 당신도 할 수 있다는 자부심을 가져라. 인생의 성공은 어렵지만 최선의 노력을 다한 자신에게 부끄럽지 않을 것이다.

우리나라의 경우 IMF 이후 과거와는 다른 사회적 변화가 일어났다. 그것은 직장생활에서 더 이상 안정성을 보장해주지 않는 다는 사실이며, 전문성과 능력을 갖추지 못한다면 언제든지 직장에서는 나갈 수밖에 없는 것을 당연한 현실을 인식시켜 주었다.

하지만 이런 느낌을 모르고 직장생활을 하는 사람이 있다면 하루 빨리 10년 뒤의 계획을 세워야 한다. 특히 최근의 경영환경은 변화에 뒤쳐지면 기업의 생명도 한순간에 날아갈 수 있으며, 구조조정의 회오리 속에 안정성을 보장받지 못하는 시대에 살고 있다.

아이들은 커가고 한참 씀씀이가 커질 나이가 40대다. 하지만 40대 가장은 이렇게 어려운 현실 속에서 가정을 위해서 나름대로는 열정을 다하고 있다. 최근의 구조조정이 사회적 이슈가 되면서 정리해고 된 근로자들의 경우 참으로 막막한 현실에 아이들을 생각하면 저절로 눈물이 나온다.

본인도 회사생활과 컨설팅을 하면서 합병으로 하루아침에 회사가 없어지면서 구조조정, 정리해고 등 다양한 회사의 모습을 지켜보아 왔다. 대부분의 직장인들이 나가는 모습은 언젠가 나의 일이 될 수도 있다는 생각을 가져야 한다. 그리고 회사는 당신의 능력을 인정한다는 생각은 버려야 한다. 한순간에 위기가 닥칠 때 회사는 그런 능력에 구애받지 않기 때문이다.

중요한 것은 이런 생각들을 경험하지 못한 사람들은 잘 이해하지 못할 수 있다. 아직도 내가 다니는 직장은 평생을 다닐 수 있다는 곳으로 착각하고 있으니 말이다. 지금도 10년이 보장된 버스에 올라탈 것인가 그냥 보낼 것인가를 판단하는 것은 본인의 향후 미래에 대한 준비를 어떻게 하느냐에 따라 달려있다. 지금의 준비는 10년 뒤의 성과가 나온다는 것을 명심해야 한다.

안정적인 것은 도움이 되지 못한다

보통 대기업들의 경우에는 정해진 업무의 영역이 확실하게 정해져 있어서 일 중심으로 프로세스가 구축되어져 있다. 워낙 자신이 해야 할 직무분석이 철저히 되어 있어서 개인주의적 측면이 강할 수도 있다. 하지만 중견기업이나 중소기업은 직원들 간에 관계가 친밀도가 높은 반면에 운영 시스템이 비체계적이어서 대표의 말 한마디에 좌우되고 사람 간에 부딪히는 횟수가 더욱 늘어나게 되어 인간관계로 문제가 발생되면 더 스트레스가 큰 편이다. 이처럼 어느 곳이나 장단점이 있는 부분이다.

중요한 것은 겉으로는 안정적인 직장이라고 생각되더라도 내부적으로 살펴보면 우리가 알지 못했던 내부갈등이 심각한 수준에 있는 경우가 많다. 오히려 위기감이 있는 회사들이 내부갈등이 없는 편이 많다. 왜냐하면 항상 긴장감을 늦추지 않기 때문이다. 변화와 혁신의 속도가 빠른 기업일수록 내부적인 문제가 적다. 안정적인 기업들의 경우는 변화와 혁신의 속도가 늦어질 가능성이 크다. 변화를 인식하는 속도가 늦게 되면 회사의 문제점들을 덮어두는 경향이 많아지게 된다.

나도 첫 직장에서 근무할 때 이런 경험을 한 적이 있다. 외부적으로는 문제가 없어 보였던 회사였지만 내부적으로는 직원간의 권력다툼이 난무한 모습이 많았다. 결국 어느 순간 위기가 발생 되었다. 잘나가는 회사는 항상 누군가의 표적이 되듯이 몸값이 높아지는 회사는 항상 위험을 안고 있을 수밖에 없다. 회사는 투자자와 경영권 분쟁이 일어나게 되었다. 회사가 여유 있게 돌아가는 것은 덫이 있기 때문이란 것을 몰랐다. 결국 경영권이 투자자에게 넘어가게 되었고 이에 구조조정에 휘말리게 되었으며, 한순간에 경영권이 바뀌다보니 정말 그야말로 전쟁터가 따로 없었다. 많은 분들이 명예퇴직을 하는 순간을 옆에서 지켜 보아왔다. 나와 함께 하던 동료, 선배 들이 어쩔 수 없이 회사를 떠나는 모습을 보면서 정말 남의 일이 아니었다.

그래서, 나는 이때 깨닫게 되었다. 직장이란 평생을 보장해주지 못한다는 사실을 깨닫게 되었고, 10년 뒤 내 모습을 준비해야겠다고 다짐했다. 10년 전 나와 같이 직장생활을 시작한 동기들을 살펴보면, 대부분 퇴사한 후 직장을 몇 번식 옮기게 되었다. 한 직장에서 만족하면서 다닌다는 것이 그리 쉬운 것만은 아니겠지만 첫 직장에서 두 번째 직장으로 옮기는 것은 어렵지만 이후부터는 몇 번씩 옮기게 되는 현상이 반복되는 동기들이 많았다. 3~4년에 한 번씩 직장을 옮긴 동기들도 많고, 아예 회사를 그만두고 사장이 된 동료들도 있다. 그들도 마찬가지로 위기의식이 있기 때문에 직장을 이직하고 새로운 변화를 꽤한 것이다.

　직장생활을 10년 정도 하면 보통 30대 후반에서 늦은 사람은 40대 초반의 나이도 있을 것이다. 대게 이 정도가 되면, 아무 생각 없이 직장생활을 할 수 없는 연령이다. 향후 10년을 어떻게 설계하느냐에 따라서 직장생활을 더 다니든 다른 일을 하던 성패가 좌우될 것이기 때문이다. 10년을 달려왔다면 보통 안정적으로 생각하기 쉬우나 가장 활발하고 왕성한 과장급에서 진로에 대한 판가름이 많이 나기 마련이다. 과장이 되고나서부터는 주도적인 기회도 오기 마련이고 업무를 이끌고 나갈 수 있는 추진력도 생기게 된다.

　하지만 차장부터는 조직에서 다른 시각으로 볼 수 있다. 전문성이 없거나 향후 미래의 가치가 낮다고 판단되면 회사는 더 이상 신뢰를 주지 못한다.

　내가 처음 직장생활을 시작했을 때의 안정적 직장생활은 나에게 많은 의미를 전달해 주었다. 직장생활을 하면 할수록 그것은 본인한테도 결국 도움이 안 되는 것을 깨닫게 되었다. 안일한 사고가 이어지고, 안정적인 것에 변화와 도전은 자연스럽게 게을러진 것이다.

　인간은 결정적인 자극이 있어야만 변화가 따르게 마련이다. 그 자격이 없다면 펄펄 끓는 물에 담군 개구리처럼 변화를 감지 못하고 죽는 것과 마찬가지가 된다. 지금 우리의 모습을 읽어본 미래가 나타날 수 있다. 지금 열정을 태우지 않으면 앞으로의 미래는 보장받지 못한다는 사실을 잘 알고 있다. 하지만 그 자극이 결국은 불태우고 많은 사람이 보장받지 못하는 현실을 깨달을 때는 이미 늦어버린 것이다.

　나이를 한살씩 먹을수록 그 자극은 나를 위한 자극보다는 가족이나 자식을 위한 자극으로 변하게 된다. 나보다도 그들을 위해서 생계를 책임지고 먹여 살려야 한다는 생각으로 변하게 된다. 하지만, 앞을 내다봤을 때 우리에게 더 필요한 자극은 발전시킬 수 있는 동기부여의 자극이다. 내가 저만큼 했을 때 미래 멋진 모습을 기대하고 얻을 수 있는 성과물을 생각하는 자기의 성공적인 모습을 그려야 한다.

우리는 한순간도 시간을 낭비해서도 헛되이 보내지 말아야 한다. 그리고 안정적인 것은 결과적으로 미래를 보장받지 못한다는 사실을 깨닫고 살얼음판이라도 살아남을 수 있는 경쟁력을 갖추는 것이 위기가 찾아왔을 때 내가 생각했던 것보다 더 큰 나의 가치를 얻을 수 있는 것이다.

CHAPTER

3

첫 직장은 오래 다녀라

첫 직장에서 우리는 많은 것을 배운다. 첫 직장은 새로운 사람, 새로운 업무 등도 느끼지만 무엇보다 중요한 것은 향후 자신이 발전할 수 있는 가능성을 확보할 수 있기 때문에 중요한 기간이다.

신입으로 입사하든 경력으로 입사하든 어렵고 힘들더라도 입사한 회사를 그만두기보다는 3년 정도의 시간을 가지고 충분히 다니기를 권고하고 싶다. 첫 직장에서 배우는 3년이 10년의 직장을 좌우할 수 있기 때문이다. 가령, 첫 직장에서 3~5년의 경력을 쌓았다면 향후 얼마든지 자신의 전문성을 향상시킬 수가 있다. 하지만 5년도 안 되어 2~3번씩 직장을 옮긴 이력이 있으면 아무리 뛰어난 인재더라도 기업에서 평가하는 가치는 매우 낮게 평가한다.

실력은 뛰어날지 모르지만 조직에서는 얼마나 오랫동안 일을 할 수 있는지를 판단하기 때문이다. 첫 직장에서 직무와 맞지 않는 업무라고 해서 너무 성급하게 생각하지 말기를 권한다. 보통 신입사원의 경우 2~3년은 다른 업무 경험도 필요하기 때문이다. 이후 성과를 도출하였다면 직무를 변경할 수 있는 기회도 주어지기 때문에 너무 조급하게 생각하지 않는 것이 좋다.

조직이라는 것은 언제고 변화되기 때문이며, 조급한 마음을 가지면 일도 뜻대로 되지 않고 스트레스만 증가되어 일을 그르치기가 쉽다. 첫 직장에서 되도록 오래 머무는 것이 자기의 경력개발상 매우 유리하다.

신입사원의 경우 얼마나 처음에 적응하기가 어렵겠는가? 학교에서 자유롭게 일하다가 회사에 와서 새로운 환경에 적응한다는 것은 쉬운 것만은 아닐 것이다. 하지만, 그 도전의 시간이 나중에 돌이켜 보면 추억속의 시간이 될 수 있고 가장 기억에 많이 남는 시간이 된다는 것을 명심하자. 그리고 우리는 첫 직장에서 반드시 인지해야 될 것들을 잊지 말아야 한다.

첫 직장에서는 능력보다 자세가 중요하다

신입사원이라면 경력사원과는 다르게 일하는 자세가 무엇보다 중요하다. 첫 직장은 우리가 미처 생각하지 못한 다양한 경험을 제공해 준다. 특히, 본인이 업무를 배우는 상사와의 관계를 잘 유지하도록 하는 것이 중요하다. 내가 아는 분야라도, 자세히 배우고자 하는 열정을 보이는 것이 중요하며, 그런 적극성은 선배사원들이 모르는 부분도 챙겨줄 수가 있다. 반면에 자세가 좋지 않고, 불만을 표출한다면 누구도 업무적으로 도움을 주고 싶지 않을 것이다. 중요한 것은 첫 직장에서의 승패는 일하는 자세를 가지고 예의를 갖추는 성실함이 가장 큰 재산이 된다. 일을 배우는 것은 그리 많은 기간이 소요되지 않는다. 그것을 내 것으로 만든 뒤 활용하는 기간이 필요하다.

첫 직장에서는 사람과의 관계를 넓혀라

두려움에 앞서서 작은 것이라도 배우려 하지 않고 소심하게 지내는 신입사원들이 의외로 많다. 2년 정도의 숙련성이 생기게 되면 좀 더 다양한 일을 하고 싶은 욕구가 많아지게 된다. 이런 열정을 살려서 가급적 다양한 업무경험을 하는 것이 좋다. 그리고 조직을 이해하기 위해서 사람관계를 넓히는 노력이 무엇보다 중요하다. 활발하고 적극성 있게 상대방을 대하라. 특히, 신입사원 2~3년 기간은 훗날 두고두고 기억에 되는 시간이 될 것이다. 우리가 대학에 입학해서 대학교 1~2학년 때가 가장 기억이 많이 남는 것처럼 첫 직장에서의 활동은 무엇보다 중요한 것이다.

첫 직장에서 자신의 브랜드 관리를 하라

직장생활에서의 경력은 자신의 브랜드로 표출된다. 어느 직장을 다녔고 무슨 일을 했느냐에 따라서 자신의 위치가 달라질 수가 있다. 이 말은 첫 직장이 얼마나 중요한가를 새삼 느끼는 말로도 통한다. 첫 직장에서 본인이 얼마만큼의 성과와 업적을 내었는지가 향후 본인의 10년을 좌우할 수 있다. 그것은 본인이 회사를 옮기건, 다른 부서로 옮기던 간에 평가하는 기준이 되기 때문이다. 그러기 위해서는 본인의 브랜드 관리를 철저히 하는 것이 중요하다.

직장생활은 IQ가 아니다

직장생활을 하다보면 참으로 다양한 형태의 사람들을 만나게 된다. 직장은 여러 사람들이 어울려진 집단으로 성격도 다르고 살아온 삶의 방식도 다르기 때문에 당연한 결과이다.

다양한 사람들이 모여 있는 직장에서의 사람을 평가하는 기준은 무엇일까? 직장인을 평가하는 기준은 의외로 간단하다. 직장인을 평가하는 기준이 많은 기업들이 아직까지는 학력이라는 굴레를 벗어나 있지 않다보니 입사할 때의 학력서열이 사람의 성향까지도 결정하는 부분이 적지 않다. 요즘은 학교를 졸업하고 갓 입사한 신입사원들을 보면 과거 세대와 더욱더 다른 느낌을 받게 된다. 그런 태도가 좋다, 나쁘다고 말하는 것은 아니다. 단지 직장생활에서의 연관성을 보면 입사하는 화려한 능력과 직장생활을 잘하는 측면에서는 반드시 그렇지만은 않다는 것을 잘 알 것이다.

당차게 할 말을 하면서도 어딘가 모르게 부자연스러운 행동을 하는 모습, 회사를 아직도 학교로 착각을 하는 행동, 머리는 좋은데 본인이 관심 가지 않는 것은 쳐다보지도 않는 태도 등 이런 모습 등에 적지 않은 실망을 했기 때문이다.

중요한 것은 직장사회의 학벌에 대한 의식이 IMF 이후 완전히 판도가 변했다는 것이다. IMF이전만 하더라도 SKY 출신들은 대기업 취업이 보증수표나 다름없었다. 하지만 IMF 이후 많은 기업들이 구조조정을 경험했고, 거품이 제거되었다. 학교만 믿고 업무능력이 떨어지는 많은 사람들은 퇴출되기 시작했다. 학교보다는 능력과 실력중심으로 많은 부분 변모한 것이다.

우리가 눈여겨볼 것은 직장생활을 남들보다 뛰어나게 잘하는 사람들은 일정한 그들만의 법칙이 있다는 것이다. 자세히 살펴보면 그들은 몇 가지 원칙을 가지고 있으며 입사할 때의 조건이 많은 부분 좌우하게 된다. 직장생활을 잘하는 사람들을 주의 깊게 살펴보면 많은 해답을 얻을 수 있다. 그들은 철저하게 자기 자신을 관리하고 성과를 높인다는 것이다. 성과를 올리지 못한다면 아무리 일류대학을 졸업했더라도 퇴출되는 것은 당연하게 생각한다. 하지만 필자의 경험에 의하면 결코 학교가 훌륭하다고 해서, 머리가 뛰어나다고 해서 직장생활을 훌륭히 해내는 것은 아니다.

회사는 머리가 좋은 사람보다는 다양한 직무에 대해서 경험을 하고 조직생활의 적응력을 잘하는 사람을 선호한다. 머리는 좋고, 단기간에 성과를 올리기 위해서라면 일반적인 직장에는 맞지가 않을 것이다. 그래서 보통 많은 사람들이 적응하지 못하고 퇴사하는 이유이다.

중요한 것은 직장 내에서 성과를 인정받는 사람들은 자신이 하는 업무에 충실하고 그것을 바탕으로 계획적으로 일을 하는 사람들이다.

단기간의 성과에 집착해서 내방식대로 일하는 사람은 그만큼 직장생활과는 맞지 않는 부분이 많다는 것이다.

　또한, 업무처리 능력과 인간적 관계성이 적절하게 조화된 사람이 성공적인 직장생활을 할 가능성이 크다. 특히, 업무처리 능력은 반드시 필요한 필요조건이며, 인간적 관계성은 반드시 갖춰야할 부분만은 아니다. 인간적 관계성이 다소 부족하더라도 업무처리 능력이 뛰어나다면 어느 정도는 인정을 받을 수 있지만 업무처리 능력은 부족하면서 인간적 관계성만 지향한다면 폭넓은 사람들로부터 지지를 받지 못하기 때문에 성공할 확률은 낮아지게 된다. 중요한 것은 업무처리 능력이 첫 번째 반드시 필요한 부분이며, 인간적 관계성이 부가적으로 추가된다면 더 뛰어난 인재로 인정받는다는 뜻이다.

　우리 주변에는 업무추진 능력은 떨어지는데 사람관계만 잘 하려는 이른바 아부형 인재들이 많다. 하지만 이런 인재유형은 윗선이 바뀌게 되면 금방 사라지게 된다. 왜냐하면, 사람들이 보는 눈은 모두 같기 때문이며 지나친 아부형 인재는 타인들의 표적이 되기 때문에 오래가지 못하게 된다.

　업무추진력을 향상시키기 위해서는 과장까지 많이 배우고, 많이 노력하는 습관이 중요한 것이다. 보통은 과장 이후 새로운 것을 습득하지 않고 기존에 것을 반복하거나 정체된 채 업무를 추진하는 경우가 많다. 인간이면 누구나 관리자로 변하는 시점에서 자신의 지식이 과장까지 배운 지식으로 활용하는 사람들이 많기 때문이다. 누구나 인정할 만큼 평생 자기계발이라는 인식을 가지고 업무적 성과를 올리는 노력이 필요하다는 뜻이다.

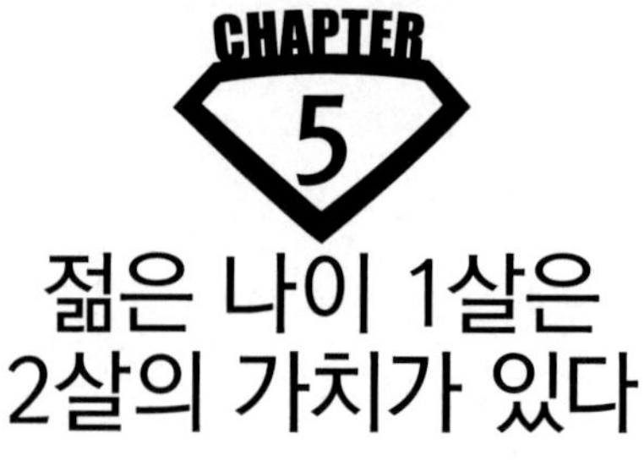

젊은 나이 1살은 2살의 가치가 있다

젊은 나이 1살의 가치는 2살의 가치가 있을 정도로 중요한 시기이다. 특히, 20대의 젊은 나이를 그냥 보내버린다면 다시 돌아오기 힘든 시간에 후회를 많이 하게 된다. 1살이라도 젊었을 때 일찍 시작하는 것이 좋기 때문에 자신의 진로를 빨리 결정하고 그것에 매진하는 것이 중요하다.

비록 나이가 어리다고 해서 조직에서는 무시할 수 없는 것이 계급처럼 직급이 있기 때문이다. 대학교 졸업 후 26살에 직장생활을 시작한 사람하고 32살쯤 직장생활을 시작한 사람과는 6년이라는 차이가 발생하게 된다. 작은 것 같지만 엄청난 차이를 초래한다. 만약, 20년을 직장생활을 했다고 가정해 보면, 26살은 46살이 되어 있을 것이다. 그리고 32살은 52살이 되어 있을 것이다. 비록, 6살의 차이이지만 나이가 점차적으로 먹어갈수록 40살 이후의 1살은 30대의 1살과는 엄연히 차이가 있기 마련이다.

나이를 먹어서 직급이 낮은 사람은 당연히 기를 펴보지도 못한 채

40대에 밀려 미래가 보장되지 못한 상황이 올 확률이 많다는 것이다. 특히 40대는 자기 자신보다 상사가 나이가 적은 사람이 될 확률이 매우 높다. 과장급까지는 어느 정도 연공서열을 인정해주지만 40대 부터는 전혀 인정해주지 않는다는 것을 명심해라. 당신보다 능력이 뛰어난 젊은 인재가 언제든지 당신 상사가 될 수 있다는 것이다. 그래서 40대 이후에는 많은 사람들이 조직을 떠나는 이유이기도 하다.

직장생활의 출발시점이 빠르면 빠를수록 좋다. 보통은 여러 가지 준비기간이 필요하다고 아무렇지 않게 생각하지만 젊은 나이의 1~2살 차이는 20년 뒤 몇 년의 가치가 있는 것임을 잊지 말자.

직장생활을 시작하기 위해서는 취업에 준비하는 기간으로 요즘은 30대 초반까지도 직장생활을 위해서 투자한다고 한다. 좋은 직장을 고르기 위해서 시간을 투자하는 것도 중요하지만 기회가 되면 빨리 직장생활을 시작하여 안정적인 바탕위에 장기적인 비전을 구축하는 것이 중요하다고 본다.

나이가 젊게 시작한 사람은 나중에 시간적으로 여유를 더 찾을 수가 있다. 같은 직장생활을 하는 것이라도 향후에 젊은 사람에 대한 선호도가 더욱 높아지기 마련이다. 시간을 적절하게 운영하고 관리한다면 나이는 중요한 것이 아니다. 나이가 많은 사람도 시간 관리를 잘하고 효과적인 일처리를 해나간다면 충분히 나이가 젊은 사람들보다도 더욱 높은 성과를 올릴 수가 있다. 중요한 것은, 나이를 헛되게 보내지 않는 것이 중요하다.

우리가 돈을 지출할 때도 계획적으로 지출해야만 저축이 될 수 있듯이 나이도 계획적인 활용이 필요한 것이다. 1살의 나이를 2살, 3살처럼 보내는 것이 그만큼 중요한 것이다. 젊은 나이를 그냥 낭비하는 일이 없어야 할 것이다.

지나간 나이는 절대 돌아오지 않는다. 특히 20대, 30대의 젊은 나이는 미래를 위한 투자도 고려하여 1살이라도 젊었을 때 준비하고 대비하는 습관을 길러야 한다.

CHAPTER

6

연봉에 너무 연연하지 말라

직장을 처음 고를 때 대기업, 연봉이 많이 주는 기업을 선호하기 마련이다. 취업을 하고 싶은 사람은 당연할 것이다. 하지만, 너무 많은 연봉은 그만큼 일을 많이 해야 한다는 것임을 잊지는 말아야 한다. 또한 연봉이 많다보면 리스크가 상당히 크다는 것도 분명한 사실이다. 처음 신입사원은 연봉 몇 백만 원에 너무 연연하기보다는 장기적인 관점에서 나의 직무와 전문성을 쌓을 수 있는 업무영역에 더 큰 포커스를 맞추는 것이 좋다.

내가 신입사원에 금융권과 카드사가 매우 인기가 높았다. 내가 받은 연봉의 2배를 받고 다녔으니 엄청난 직장이었다. 솔직히 그 당시 내가 부족하다는 생각을 많이 했었다. 하지만 몇 년 뒤 증권사와 카드사는 대 폭락이 와서 구조조정에 휘말렸고, 내 친구는 회사를 잃고 말았다. 물론 모든 금융회사 등이 그런 것은 아니지만 금융사 및 증권사의 경우 급여가 많지만 본인의 성과를 보다 명확히 내야 하는 부담이 있기 마련이다. 눈을 돌려보면 얼마든지 장기적인 관점에서 연봉은 낮지만 튼튼한 중견기업들도 많이 볼 수 있다. 그런 기업이 오히려 경력을 쌓고 배워나가는 데 많은 기회요소들이 있기 마련이다. 너무 높은 곳을 향해서 눈을 돌리지 않고 다소 낮은 곳이라도 자신의 기회를 높일 수 있다면 도전하는 것도 기회라고 생각한다.

신입사원 때는 연봉보다는 보다 많은 경험과 직무 전문성을 쌓는 것이 중요하다. 그렇다고 아무 경험이나 도움도 안 되는 경험은 필요 가치가 낮기 때문에 잘 가려가면서 내가 향후 도움이 될 수 있는 경험이 필요하다. 또한 초기 1~2년의 직급차이는 크게 중요하게 생각하지는 않아도 된다. 나이가 비슷한 수준에서 1~2년 뒤쳐진다고 해서 크게 앞서나가는 것이 아니다. 또한 어느 정도 직급의 위치에 오르게 되면 결국은 다 같이 만나게 되어 있다. 지금은 승진이 안 되었다고 해도, 향후에 차장에서 부장승진이 어떤 사람은 10년도 걸리는 사람이 있기 때문에 과장급까지의 1~2년의 직급차이는 중요한 것이 아니다. 또한, 이직을 하게 될 경우 직급이 낮아질 수도 있는 경우가 생기기 때문에 직급이 조금 낮다고 해서 실망할 필요가 절대 없다.

중요한 것은 연봉보다는 기업의 브랜드가 더 중요하다. 기업의 브랜드가 잘 알려진 기업이고 이미지가 좋은 기업이면 조금은 낮은 연봉이라도 본인의 커리어에 많은 도움이 된다. 연봉을 많이 주는 금융권 등의 경우 실적에 따라서 인센티브가 명확히 차이나지만 실적이 저하되면 오히려 급격히 어려움에 처해질 우려가 많다.

연봉을 많이 주는 기업일수록 그만큼 일을 많이 해야 된다는 사실을 명심하고 연봉에 너무 많은 관심을 두기보다는 자신이 앞으로 설계할 직장생활의 목적에 관심을 두어 노력하는 것이 더 중요하다.

CHAPTER 7

과거를 절대 잊지 말라

요즘은 대부분의 기업들이 주 5일제 근무를 시행하면서 직장인의 여가시간도 늘어나게 되었다. 가족과 함께하는 시간도 과거보다는 훨씬 많아졌다. 하지만 당신은 지금의 생활에 만족을 해서는 안 된다. 그 만족의 순간이 바로 자신의 경쟁력이 없어지는 순간이라는 것을 명심해야 한다.

인간은 항상 배고픔을 느껴야한다는 것을 말하고 싶다. 배고픔을 모르면 하고자 하는 열정이 없게 된다. 그리고 과거에 본인이 경험한 고통의 시간 등을 되돌아보고 잊지 말아야 한다.

인간은 망각의 동물이라고 해서 금방 과거를 잊어버리게 되는 경향이 있다. 과거에 본인이 처해 있던 환경과 고통스러웠던 날들을 극복한 것을 잊지 말아야 한다. 누구나 그런 경험이 없더라도 항상 과거에 대해서 생각하는 마음자세가 중요하다.

직장생활을 하면서도 어느 날 갑자기 평범한 부서에서 근무하다가 막강한 권력을 가지는 회사의 핵심부서로 옮겨가는 사례가 종종 있다. 하지만 이 경우에는 과거에 본인이 쌓아온 덕을 한순간에 날아가 버리지 않도록 신중한 몸가짐을 하는 것이 중요하다.

만약 회사 내에서 대표이사가 교체되면 자기사람을 핵심보직에 앉히려 한다. 기존에 있던 사람들은 대부분 부서를 옮기게 된다. 이 경우에 앞장서서 직원들을 감시하고 인사조치하는 행동대장 같은 사람이 반드시 있기 마련이다. 하지만 주의해야 될 점은 그런 행동은 일시적 권한이라는 점을 명심하기를 바란다. 아무리 조직생활로 어쩔 수 없는 경우라도 누군가에게 못을 박지 말라는 것이다. 회사를 벗어나서도 평판에 대해서 항상 따라다니기 때문에 모질게 사람을 대하는 일은 삼가는 것이 중요하다. 결과적으로 내가 아는 모 부장도 회사만 믿고 권력을 휘두르다가 결국은 퇴사하고 말았다. 그 후에 평판조회가 이루어져서 어디에서도 입사를 할 수가 없었던 안타까운 사례를 본 적이 있었다.

조직에 따라서는 엄청난 권력을 가지는 부서가 있을 수도 있고, 힘없는 부서가 있을 수도 있다. 중요한 것은 본인의 어려운 환경 속에서 신입사원 때 일했던 과거를 잊지 않는 신중한 몸가짐이 그만큼 중요한 것이다. 회사 내에서의 권한도 배려하는 권한을 가져야 한다는 점을 명심하길 바란다.

또한 늘 그렇지만 힘든 과거를 잊어서는 안 된다. 힘들게 버티고 무엇인가 모를 강한 열정이 있었던 때를 나이가 한살 두 살 먹는다고 잊어서는 안 될 것이다. 항상 부족했던 때를 생각하게 되면, 조금의 불편은 감수할 수 있다. 조금은 부족하지만 그 당시를 생각한다면 조금 더 희망적인 인생을 살아가지 않을까 생각해 본다.

CHAPTER 8

최악의 상사도 만나봐야 안다

　최악의 상사, 누구나 한번쯤 만나봤을 것이다. 최악의 상사를 만나는 것은 본인한테 어떤 영향을 미칠 것인가? 우리는 늘 상사에 대해서 이야기한다. 그 사람은 어떻고 어떤 점이 문제점이고, 등등 흠을 잡는 취미로 회사 생활하는 사람이 많다.

　그것은 어찌 보면 정상적인 것이다. 내가 직장생활 할 때 가장 기억에 많이 남는 상사는 2명이 있었다. 한명은 완벽주의자였고, 늘 출근을 항상 다른 팀원보다 30분씩 일찍 했다. 업무처리 속도는 늘 빨라서 사장님으로부터 칭찬이 이어졌던 완벽한 팀장이었다. 하지만 팀장의 리더십은 매우 형편이 없었다. 아랫사람이 하는 업무에 대해서 맘에 들지 않으면 자리에 앉혀놓고 훈계를 보통 1시간씩 늘어놓는 스타일이었다. 팀원들은 주눅이 들어서 이야기도 꺼내지 못하는 그런 상황이 반복되었다.

　업무적으로는 일처리 속도도 빠르고 빈틈없이 배울 점이 많은 상사였지만, 늘 팀원들은 모였다 하면 팀장의 욕으로 시작해 욕으로 끝나는 회사생활이었다. 대신에 팀원들의 단합은 매우 좋았다. 당연히 팀장 하나가 적이고 팀원들은 같은 동지가 되었으니 말이다. 직장생활이 짜증스러웠지만 동료들이 서로 이해하는 분위기라서 즐겁기도 한 측면이 있었다. 하지만 중요한 것은 그 팀장은 사장이 바뀐 뒤 자리에서 평판이 좋지가 않아서 물러나게 되었다.

결과적으로 직급이 높아지면 일처리 속도도 중요하지만 그에 맞는 리더십이 있어야 한다는 것을 깨닫지 못한 팀장이었다. 사장이 신뢰하던 사람이었지만 사장이 교체되고 리더십 측면에서 준비되어 있지 못한 측면에서 이직률이 높아지는 현상을 보면서 새로운 사장도 용서가 안 되었기 때문이다.

또 한명의 팀장은 업무적으로 상당히 무능력한 팀장이었다. 줄을 잘 서는 타입으로 어찌 되었든 간에 윗사람 비위를 잘 맞추고 업무는 뒷전이지만 정치적인 생활을 늘 즐기는 유형이었다. 그러나 팀원들은 몸이 편했다. 업무에 대해서 팀장이 잘 모르고 명확하게 업무를 파악하고 있지도 않기 때문이다. 팀원의 생활은 여유 있었고 팀장이 지시하지 않으면 일을 하지도 않았다. 리더십은 전혀 있지 않았고, 오로지 윗사람에게 줄 서는 스타일이었다. 하지만 팀원은 점점 떠나기 시작했다. 몸은 편하지만 배울 점이 없다는 판단이 들었기 때문이다. 남아 있는 팀원들은 더 이상 다른 부서에서 일을 하기 어려울 정도로 무능력함에 적응이 되어 갔다. 결국, 팀장은 믿었던 본부장이 바뀌면서 연줄이 없어지면서 퇴사하고 말았다.

내가 경험한 2명의 팀장에게서 느낀 점은 리더십의 차이였다. 중요한 것은 아무리 최악의 팀장이라고 해도 줄을 서지 않는 팀장이 살아남을 확률이 더 높고 인정받을 수 있다는 것을 의미한다.

이런 2가지 유형의 팀장을 경험하면서 나는 많은 것을 느꼈다. 정말 내가 앞으로 리더십에서 어떤 유형의 리더십을 필요로 하는지 말이다. 이런 팀장을 만난 것이 나에게는 많은 도움이 되었다. 팀장의 유형에 따라서 업무처리를 다르게 하면 더욱 효과적이기 때문이다.

팀원이 팀장의 일처리 스타일을 바꾼다는 것은 쉽지 않다. 다만, 맞추어가면서 조금씩 변화되어 가는 것을 느끼면서 행동하는 것이 중요한 것이다. 최악의 상사를 만나보면 다음번에 누구를 만나든지 여유가 생기게 마련이다. 결과적으로 본인에게는 엄청난 도움이 될 수 있다. 경험은 해보지 않으면 말로 설명이 되지 않기 때문에 최악이라고 생각하는 상사도 만나보면 나중에 활용할 수 있는 가치가 생기게 된다.

PART 5

자존심을 버리고
전문성으로 승부해라

한 우물을 파라

　자신이 하고 있는 분야의 전문성을 인정받기 위해서는 최소한 10여 년 정도의 근무기간이 필요하다. 누구나 입사 초기에는 자신이 하는 직무가 지루하거나 다른 직무를 하고 싶은 충동을 많이 느끼게 된다. 맞는 부분이다.

　한 분야의 전문성을 가지고 있다는 것은 장점이 될 수 있지만 반면에 한 분야밖에 모른다는 고정관념이 자리 잡기 때문에 비슷한 유관업무의 경험은 필요하다. 하지만 무엇보다 중요한 것은 너무 차이가 많이 나는 직무의 변경은 엄청난 노력을 요구하게 된다. 또한 근무 연수만 길다고 해서 전문가로 오르는 것이 아니라 한 업무에 있어서 전문가 소리를 듣기 위해서는 지속적인 자기계발이 필수적으로 필요하다. 관련 자격증을 취득하여 전문성을 높이는 노력도 필요하며, 혁신활동이나 TFT 등에도 참가하여 여러 사람들과 관계를 넓히는 것도 중요한 경험이 된다.

　동일 직무만 하다보면 직무를 변경하고 싶은 욕구가 생기기 마련이다. 특히, 현업부서에서 2~3년 정도 근무하다 보면 혁신팀, 프로젝트

팀, 신사업팀 등에 참여할 수 있는 기회가 생길수도 있기 때문에 특별히 더 열정적으로 임하는 것이 좋다. 적극적으로 새로운 팀에 들어가는 것은 본인의 가치를 높일 수 있기 때문에 추천할 수 있다.

다만 과장 이상이 되면 한 분야에서 전문성을 쌓고 그 분야에서 경력개발을 하는 것이 좋다. 직무에 따라서 채용시장에서 인기가 있는 직무가 있는가 하면 10년을 넘게 근무했어도 가치가 없다고 생각하는 직무가 있기 때문이다. 특히 연관성 없이 이러 저리 직무를 옮겨 다니는 경우는 최악의 경우이다. 직무를 옮기더라도 전략적으로 옮기는 것이 필요하며, 서로 연관도 없는 직무를 옮겼다가 고생만 할 수 있다.

특히 회사에서는 몇 가지 직무에 한정되어 있기 자신에게 맞는 직무, 발전성이 있는 직무 등을 포괄적으로 고려하는 것이 필요하다. 이를테면, 연구소, 제조, 생산, 영업 등의 직무는 특정회사의 범위에서 전문성을 인정받을 수가 있으며, 이직 시에도 동일계열의 회사를 고려해야하는 제한점이 있다. 반면에 재무, 전략기획, HR, 교육 등의 경우에는 특정한 회사 이외에 포괄적으로 다양한 회사의 영역에서 인정받을 수가 있다. 다만, 이 경우에는 직무경험이 많은 전문가 급을 선호하게 된다.

중요한 것은 한 가지 전문분야를 지속적으로 습득하는 것도 중요하지만 자신의 관심분야 내에서 다양한 업무습득을 통해서 전문성을 신장시키는 노력이 더욱 중요하다. 과거에는 30년씩 같은 직무를 해온 사람을 전문가라고 생각해 왔지만 최근에는 다양한 직무경험을 해 본 사람을 오히려 더 전문성이 높다고 판단한다. 왜냐하면 최고의 성과를 올리는 리더의 유형은 다양한 분야의 업무를 파악하고 어떤 성과를 올리는 것이 중요한지를 잘 알고 있기 때문이다.

CHAPTER 2

일찍 퇴근하여 자기계발을 해라

업무가 많거나 일이 밀리면 야근을 하겠지만 본인이 업무를 다했다면 상사 눈치를 보면서 퇴근을 미룰 필요는 없다. 앞으로도 그렇지만 퇴근을 잘 하는 직원일수록 일처리가 빠르고 성과도 높다.

우리나라의 직장문화는 퇴근도 직급 순서에 따라서 하는 것을 당연하게 생각하는 측면이 많았다. 하지만 앞으로 이런 문화는 갈수록 사라질 전망이다. 자신 있게 퇴근하는 사람치고 그 시간에 가서 노는 사람은 없다. 다들 자기계발을 하거나 부가가치 있는 일들을 찾아서 하는 사람이 대부분이다.

만약 본인이 해야 될 일처리도 안 하고 퇴근한다면 그것은 문제가 있지만 본인이 될 수 있으면 업무를 사전에 미리미리 해두어 퇴근시간만큼은 꼭 소중하게 보냈으면 한다. 그 시간을 활용하는 것이 직장생활에서 엄청난 결과를 가져올 수 있기 때문이다.

요즘은 퇴근을 바로 해도 어학학원, 학교생활, 자기계발 등을 하느라 정신없이 보내는 직장이 많다. 그야말로 자기 전문성이 있지 않으면 앞으로의 10년은 보장받지 못하는 시대에 살고 있기 때문이다.

퇴근을 하게 되면 자기만의 시간에 집중하는 것이 필요하다. 보통 업무는 업무시간에 집중하고 퇴근을 하면, 자기만의 별도 시간을 가져서 자기계발에 투자하는 것이 중요하다. 서점에 들러서 요즘 유행하는 도서나 관심분야에 대한 전문서적을 구입하여 보는 것을 적극 추천하고 싶다.

지식이 넘쳐나는 시대지만, 지식도 소유를 해야만 자기 것이 되는 것처럼 책을 구입해서 자기적으로 만드는 것이 무엇보다 중요하다. 퇴근을 하게 되면, 자기시간을 갖는다는 것은 사실 어려운 일이다. 퇴근시간이 늦어질 경우에는 더욱더 어려움이 크고 퇴근 후 집에 돌아와서 다시 책을 잡는다거나 공부를 한다는 것은 사실 어려운 일이다.

물론 이 부분은 습관과 독한 마음이 있어야만 가능한 일이다. 공부를 하더라도 많은 유혹을 뿌리쳐야 한다. 저녁시간에 동료들과 맥주 한잔하는 유혹, TV를 시청하고 싶은 유혹 등 다양하게 공부에 손이 가지 않는 유혹들이 많다. 하지만, 고진감래라는 말처럼 노력하고 준비한 시간이 헛되지 않았다는 것을 나중에 증명하면 된다. 대충 직장생활을 하면 되겠지 하는 생각은 당장 버리는 것이 필요하다. 본인이 아무리 낮은 수준의 직무를 하더라도 얼마든지 본인의 자기계발로 발전적인 직무를 맡을 수도 있다.

내가 경험한 회사에서 자신의 환경을 뛰어넘은 한 여사원의 이야기를 하고 싶다. M씨는 고졸 출신으로 상고를 졸업하고 한 대기업에 생산직으로 취업을 하였다. 그 후 근무성적이 양호해서 생산직 경리사원으로 직무를 변경하게 되었다. 경리업무를 5년 정도 익히면서 틈틈이 자기계발 차원에서 공부를 하여 야간 4년제 대학까지 졸업하였다. 특히, 자신이 하는 일에 대해서 자신감을 가지고 혁신과제를 도출하는 남다른 열정을 보였다.

그러던 중에 전략기획팀에서 직원을 뽑는 사내공모를 하게 되었다. M씨는 한번 도전하고 싶은 마음에 사내공모에 지원하게 되었다. 해당 부서장은 공모를 한 직원들 중에서 유독 M씨의 자기계발이 눈에 들어왔다. 그래서 부서장은 면접을 한번 보겠다는 생각으로 면접을 진행하였다.

부서장은 M씨와 면접을 진행하면서 이런 질문을 했다.

"토익성적이 높은데 영어는 언제 그렇게 공부를 했나?"

그러자 M씨는 대답하였다.

"네, 비록 저는 생산직으로 입사했지만 남들보다 뒤처지지 않게 영어 공부를 계속해왔습니다. 지난 5년간 충분히 학습해왔고 퇴근 후에 놀기보다는 공부에 매진해왔습니다."

결과는 쟁쟁한 경쟁자들을 물리치고 합격을 하였다. 해당 부서장은 자기계발을 열정적으로 하는 모습과 최근 고과성적 등을 살펴볼 때 충분히 근무할 수 있는 능력 있는 사람으로 평가한 것이다.

그곳에서 일하는 다른 팀원들의 수준은 해외 MBA 출신과 국내 명문대학을 졸업한 사람들이 대다수였다. 하지만 그들에 비해서 이 여직원은 전혀 뒤지지 않는 능력을 발휘하였다.

그리고 회사에서는 고졸 경리출신이라는 입사 때의 기준이 아닌 진정으로 능력과 실력에 따라서 평가하는 문화가 자리 잡게 되어 새로운 비전과 희망을 직원들에게 전해준 계기가 되었다.

결과적으로 자신이 처해 있는 환경을 뛰어넘기 위해서는 계획적인 자기시간 관리를 하고 자기계발에 투자를 게을리 하지 않는 모습이 중요한 것이다. 만약, 자신의 환경을 비관해서 현실에 만족한다면 더 높은 꿈을 위해 도약은 불가능했을 것이다. 자신의 환경을 극복하고 노력하는 모습을 보여준다면 분명 인정받는 사람이 될 것이다.

CHAPTER 3
영업경험은 필수적이다

흔히 영업 하면 왠지 하부조직이라는 생각을 많이 하고 힘든 직군이라고 생각하기 쉽다. 하지만, 직장생활을 경험해보면 이러한 생각은 잘못되었다고 느낄 것이다. 영업직은 자신의 성과를 최대한 높일 수 있으며, 회사의 제품에 대해서 쉽게 이해하고, 업무 프로세스를 가장 빠르게 파악할 수 있는 지름길이다.

특히 40대 이후의 직장인들은 직급도 어느 정도 있지만 마땅히 갈 자리가 없어서 많은 어려움에 처한 상황을 보곤 한다. 특히 일반 관리직의 경우 자리가 제한되어 있어서 쉽게 옮기기도 어렵다. 하지만, 과거에 영업경험이 있다면 영업으로 도전하는 것이 더욱 현명한 지름길일 것이다. 지금의 자리보다 능동적으로 자신의 능력을 발휘하기 위한 기회가 많기 때문이다.

특히, 중견기업일수록 영업에서 성장하는 것이 자신에게 많은 도움이 된다. 40살을 넘기게 되면 회사를 옮긴다는 것은 특별한 능력을 갖추지 않는 이상 힘들어진다. 이런 측면에서 영업은 상대적으로 능력에 따라서 확연하게 자리가 구별되고 성과중심의 보상이 뒤따르게 되는 점에서 확실히 일반 관리직에 비해서 승진속도도 차이가 나게 된다.

제조업체, 서비스업체를 막론하고 영업은 가장 승진이 빠른 길이며, 기업에서 필요로 하는 인재들이 모여 있는 곳이기도 하다. 최근 영업이라는 직무를 전문성으로 높이 평가하는 기업이 많아지고 있기 때문에 경험이 필요한 직무이다.

특히 영업은 사람을 상대로 하는 직무이기 때문에 향후 사람관계에서 도움을 받을 수도 있다. 영업의 중요성이 부각되면서 모 기업은 영업 경험을 하지 않고서는 임원승진의 대상자가 안 된다는 소리까지 있을 정도로 영업 경험은 기업에서 중요하게 생각하는 직무 중에 하나이다. 제품을 파는 현장의 소리를 귀 기울이는 것은 조직내부에서 지원 부서에서는 미처 깨닫지 못하는 측면이 많기 때문에 영업부서의 중요성이 커지고 있다.

직장생활은 미래가 보장되어 있지 않기 때문에 향후 직장인들도 언제든 사업가가 될 수 있다는 생각도 해야 된다. 영업은 그런 측면에서 많은 도움을 준다. 영업직이 힘들다고 생각되지만 요즘의 영업은 시스템이 잘 갖춰져 있고 얼마나 부지런한가에 따라서 성과가 달라지기 때문에 일 잘하는 사람이 영업을 잘할 확률이 높다. 영업직은 한번쯤 도전해볼 만한 가치 있는 직무임이 틀림없다.

CHAPTER 4

프레젠테이션 하나만 잘해도
먹고 산다

직장생활을 하다보면, 업무능력은 뛰어난 사람인데 누군가 앞에서 발표를 하라고 하면 겁에 질린 듯이 주눅이 드는 사람들을 볼 수가 있다. 프레젠테이션을 경험하지 않는 사람들은 대중들 앞에서 발표하는 것이 어색하고 떨릴 수밖에 없다. 특히, 리더의 역량 중에서 가장 중요한 부분이 자신의 입장을 간결하고 요약하여 표현하는 능력이다.

어떤 사람은 작은 인원이 참석한 소회의에서 보고를 하는 것은 잘하는데 많은 사람이 모여 있는 곳에서 발표를 하면 힘들어 하는 사람들이 의외로 많다.

그렇다면 프레젠테이션을 잘하는 사람은 타고난 것일까? 물론 언변이 좋은 사람은 우리 주위에 분명히 있다. 하지만 프레젠테이션은 노력 여하에 따라서 얼마든지 실력이 향상될 수가 있다.

프레젠테이션을 위해서 준비하고 발표해야 될 부분을 사전에 준비하는 과정에서 프로다운 프레젠테이션이 나오는 것이다. 내가 아는 컨설턴트도 굉장히 프레젠테이션을 잘해서 그 비결이 매우 궁금했다. 한

번은 강의가 마친 후 어떻게 하면 프레젠테이션을 잘하는지 방법을 문의했다. 유능하신 컨설턴트는 매일 훈련과 반복을 하고 혼자서 연습과 노력을 게을리 하지 않는다는 것이다. 그렇게 되면 강한 자신감과 자신이 말해야 될 부분을 빠트리지 않고 자연스럽게 프레젠테이션을 한다는 것이다. 프레젠테이션은 타고나는 것이 아니라 고도의 훈련을 통하여 배양되는 것이다.

이처럼 프레젠테이션은 직장생활에서 매우 중요한 역할을 한다. 프레젠테이션을 잘하는 사람은 그만큼 회사에서도 인정을 받는다. 업무 자체가 주로 설명하고, 설득하는 과정이 많기 때문에 대부분의 프레젠테이션을 잘하면 상당히 자신감을 가질 수 있다.

하지만 프레젠테이션은 하루아침에 잘하지는 못한다. 많은 발표기회를 가져야 되고, 체계적으로 프레젠테이션하는 방법을 배워야만 달인이 될 수 있다. 프레젠테이션을 통해서 본인의 생각을 전달할 수 있으며, 표현하는 정도에 따라서 성과가 달라질 수 있기 때문이다.

내가 직장생활을 할 때 관리팀장도 프레젠테이션을 잘해서 컨설턴트로 스카우트가 되어 지금도 열정적으로 활동하고 있다. 그 만큼 프레젠테이션은 남을 설득하는데 있어서 매력적인 능력임이 틀림없는 것이다. 유능한 강사들이 말하는 프레젠테이션을 잘하는 몇 가지 노하우를 소개하고자 한다.

첫째, 발표는 핵심만 발표하라.

발표는 핵심적으로 중요한 사항만 키포인트를 두어 핵심적인 부분만 발표하는 것이 좋다. 진부하게 전체를 설명하다보면 다른 방향으로 이야기가 전개될 측면도 많고 듣는 사람으로 하여금 머릿속에 기억되지 않는다.

시간개념이 없이 서두에 길게 설명하여 정해진 시간에 다 발표를 못하는 경우도 많다. 이럴 경우, 핵심적인 것만 발표하기 위한 표시를 해두는 것도 좋은 방법이다. 발표가 진부하지 않도록 핵심적인 내용을 발표하는 것은 앉아 있는 사람들에게 집중력 있게 설명을 들을 수 있는 길이다.

둘째, 자신감 있게 발표하라.

자신감은 프레젠테이션에서 매우 중요하다. 자신감 있게 발표하는 것은 설명을 듣는 사람으로 하여금 안정감을 주고 도전적인 자세로 보여 호감이 느껴지게 된다. 주눅이 들어서 발표하게 되면, 자신감이 없어보여서 오히려 결과가 좋지 못하게 나올 확률이 많다.

셋째, 말을 짧고 간결하게 끊어서 발표하라.

말을 설명할 때는 이유, 때문에, 등에 얽매이지 말고 간결하게 끊어서 발표하는 것이 좋다. 말이 장황하게 늘어지는 경우가 있기 때문에 핵심만 간략하게 자신감을 가지면서 발표하는 것이 좋다.

넷째, 내용을 완전히 파악하고 끊임없는 반복 연습을 하라.

발표하기 전에 본인이 작성을 하더라도 막상 당일 내용을 모르면 당황할 수 있다. 내용을 완전히 파악한 후 발표하는 부분을 집중적으로 연습을 하는 것이 중요하다. 특히, 연습할 때는 직접 녹음기를 이용하여 목소리를 녹음하고 말이 꼬이는지를 확인하는 습관이 중요하다.

다섯째, 전문 강사의 프레젠테이션을 잘 배워라.

프레젠테이션은 강사들을 벤치마킹하면 된다. 특히, 컨설턴트보다는 전문적으로 강의 스킬을 잘하는 강사를 보면서 어떤 점에 포인트를 두는지 배우면 유용하게 활용할 수 있다. 수많은 강의를 해온 전문 강사들의 경우 말하고자하는 포인트의 핵심적인 부분을 전달하는 능력이 탁월하다. 주위의 전문가의 벤치마킹을 통해서 나만의 프레젠테이션 스타일로 만드는 것이 중요하다.

여섯째, 결과는 긍정적인 방향으로 해라.

프레젠테이션은 처음 부분과 끝부분이 가장 중요하다. 처음 도입하면서 개념을 먼저 설명하는 것은 듣는 사람으로 하여금 내용파악을 쉽게 할 수 있는 장점이 있다. 처음부터 이해가 되지 않으면 내내 듣는 사람은 진행되는 동안 이해하지 못하는 상황이 된다. 그리고 끝부분도 매우 중요한 역할을 한다. 마무리 부분에서 강하고도 감성적인 멘트는 듣는 사람으로 하여금 가장 오랫동안 기억에 남기 때문이다.

더욱 열심히 하겠다는 의지를 표현한다거나 중요한 사례를 설명하여 보다 임팩트 있게 느껴지도록 하는 것도 중요하다. 마지막 페이지에 활용 가능한 것을 정리하여 보여주는 것도 듣는 이로 하여금 이해하기 쉽도록 하는데 효과적이다.

CHAPTER
5

컴퓨터를 능숙히 다루는
상사가 되라

1980~90년대에는 가장 인기 있는 직장인이 글씨를 잘 쓰는 사람이었다. 당시에는 컴퓨터가 보편화 되어 있지 않았고 타자기에 의존하는 시대였기 때문에 문서를 꾸미거나 보고하는데 있어서 사람이 직접 친필로 써서 보고를 했기 때문이다. 이러한 이유로 글씨를 잘 쓰는 사람의 인기는 당연히 대단하였다. 회사 내에서 보고문서나 프레젠테이션을 하려면 몇 일전에 예약을 하고 부탁을 해야 하는 사례들도 빈번하였고, 서로 대단한 인재라고 모셔 가기에 바빴다.

하지만 오늘날 시대는 변했고, 컴퓨터라는 보편적인 시스템이 나타나면서 업무의 대부분을 컴퓨터 앞에서 보내고 있다. 하루라도 컴퓨터가 없으면 일을 못할 지경이니 컴퓨터를 못 다룬다면 회사생활을 할 수도 없을 것이다.

이런 이유로 최근에는 컴퓨터 능력이 떨어지면 아무리 훌륭한 인재라도 제대로 대접받지를 못한다. 대졸 신입사원들은 앞 다투어 컴퓨터, OA 관련 자격증을 따는 이유이기도 하다. 기획력이 다소 부족하더라도 회사생활에서 OA 프로그램을 잘 다룬다면 그만큼 인정받을 확률이 높다. 특히 신입사원들뿐만 아니라 중간 간부들, 임원들까지도 컴퓨터 다루는 기술이 뛰어나야만 어느 정도 위치에서 부하직원들과 업무를 처리할 수가 있다.

특히 회의를 통한 보고가 활성화 되어 있는 직장인들에게는 프레젠테이션 OA를 능숙하게 다루는 기술이 중요하다. 의외로 프레젠테이션 OA를 잘 다루지 못하는 직장인들이 많은데, 이럴 경우 자존심을 버리고 부하직원들에게 배워나가는 학습이 필요하다. 그리고 가급적이면 보고할 문서는 본인이 직접 작성하는 습관이 필요하다. 보통은 OA 기술이 좋은 직원들이 작성하는 사례가 많은데 OA라는 것은 하면 할수록 늘기 때문에 보고만 받는 회사원은 그만큼 OA 기술력이 뒤쳐진다고 보면 된다. OA 기술력이 좋은 상사들의 경우 부하직원들이 많이 따르고 호응도가 높다. 직접적으로 OA를 다루는 것이 가장 최선의 방법이며, 잘 모르는 부분은 적극적으로 직원들에게 문의를 해서 알아가는 것이 필요하다.

직장생활에서 가장 활용도가 많은 소프트웨어는 프레젠테이션과 수식을 계산 하는 OA 프로그램이다. 프레젠테이션 프로그램은 본인의 의지만 있으면 단기간 동안에 습득이 가능하다. 기타 프로그램도 마찬가지로 충분히 업무에 활용도 높여 기술적으로 배우는 것이 중요하다.

만약, 이 두 가지 부분이 능숙하지 못한다면 직장생활에서 그만큼 뒤쳐질 수밖에 없다. 업무가 비록 능숙하지 못하더라도 OA 프로그램을 어느 정도 다룬다면 극복이 가능하다.

최근에는 모든 업무가 시스템화 되어 있기 때문에 시스템을 잘 다루지 못하면 낙오되기 쉽다. 특히 시스템 사용은 특정 부서원만의 영역이 아닌 관리자가 직접적으로 파악이 가능해야만 업무가 가능하다.

가령, 영업사원이 예전에는 판매만 잘하면 되었지만 요즘 영업사원은 시스템 영업에 모든 것이 달려있다. 관리영역이 컴퓨터 프로그램에 의해서 움직이며, 주문에서부터 배송까지 전체의 과정이 시스템화 되어 있고, 판매시스템에서는 다양한 판매 수치가 자동으로 보이기 때문이다. 이처럼 요즘 영업사원은 시스템 활용을 못하면 낙오자가 되기 쉽다.

유능한 상사가 되기 위해서는 컴퓨터를 능숙하게 다루기 위한 노력을 게을리 해서는 안 된다. 과거에는 컴퓨터를 잘 다루지 못하는 상사가 많아서 부하직원이 대신 처리해주고 하는 사례들이 많았다. 하지만, 요즘 대기업이나 중견기업 상사들은 부장급만 되더라도 본인이 직접 보고 자료를 작성하고 있다. 회의 자료가 많아진 요즘은 보고 자료를 얼마만큼 요약하고 설득력 있게 작성하는지가 업무능력의 기준으로 자리 잡고 있다. 지금부터라도 부하 직원에게 의존하는 보고서 작성을 당신이 직접 하기를 권한다. 그렇게 되면 당신을 바라보는 주위 시선이 변할 것이다.

CHAPTER 6

명함에 인적네트워크가 있다

명함 속에는 다양한 인적 네트워크의 요소들이 숨겨져 있다. 대개 대수롭지 않게 명함을 받고나서는 아무 곳에 방치하는 경우가 많은데 이런 경우 인적 네트워크 관리를 하지 않는 것과 마찬가지이다. 한번 만났다고 해서 별로 친하지 않기 때문에 명함을 굳이 관리할 필요가 없겠다고 생각할지 모르지만 언젠가 필요한 사람이 있다면 명함을 한 번쯤 받은 사람에게 연락을 하기 마련이다.

만약에 직장을 다니다가 퇴직을 하거나 다른 사업을 하게 될 경우, 가장 많이 도움을 받는 사람은 자신이 아는 인맥들이다. 지금 당장은 그 힘을 모르지만 막상 회사를 나오게 되면 명함을 주고받았던 인맥이 결국은 큰 힘이 된다는 것이다.

그렇기 때문에 명함을 함부로 버리거나 다루지 말고 항상 명함은 나중에 나와 연락을 할 수 있는 매개체가 될 수 있다는 생각으로 대해야 한다. 명함관리는 받은 날짜와 장소 등을 명함에 작성하여 보관하면 향후에 기억하기가 쉽다.

특히 성공한 샐러리맨들의 특징을 살펴보면 명함을 통한 인적 네트워크를 잘 활용한다는 사실이다. 직장인들은 보통 외부기관에서 교육을 받을 때 타 회사 사람들과 명함을 공유할 기회가 많아진다. 이럴 경우 본인이 먼저 명함을 내밀고 상대방의 명함을 받아서 네트워크를 구축하는 것이 중요하다. 먼저 명함을 줘야만 상대방도 명함을 주기 때문에 보통은 적극적으로 본인부터 소개하고 명함을 주는 자세가 필요하다.

최근에는 핸드폰으로 저장을 해놓는 경우가 많지만 가급적 명함첩에다가 본인이 아는 사람들은 명함을 별도로 받아서 정리해 놓는 습관이 필요하다. 핸드폰에 저장하는 전화번호는 쉽게 찾기가 어렵고 잘 알지 못하는 사람들의 경우 저장하기가 쉽지 않기 때문이다. 명함첩을 잘 보일 수 있도록 보관을 해놓는다면 쉽게 연락을 할 수 있고 이메일 주소 등도 있기 때문에 가끔씩 메일로 상호 인사를 나눌 수 있는 기회를 만들기 쉽다.

특히, 본인이 관심 있는 분야의 사람들과는 직접적으로 공유할 수 있는 인터넷 블로그라든지, 개인 홈페이지를 방문해서 글을 남겨주는 센스를 보여준다면 더욱 많은 호응이 있을 것이다.

결국은 사람 관리는 관심이다. 당신에게 누군가 관심을 보여준다면 눈이 돌아가기 마련이다. 마찬가지로 당신도 누군가에게 먼저 다가가서 안부를 전해준다면 상대방은 상당히 호의적으로 대해줄 것이다. 첫 만남부터 당신에게 호감이 들도록 만드는 태도가 중요하다. 명함은 그런 인적 네트워크를 연결해 주는 도구가 되는 것이다. 명함을 어떻게 활용하느냐에 따라서 당신의 인적 네트워크가 발전하는 것이다.

지금부터라도 명함 관리를 철저히 하기를 당부하고 싶다. 흩어져 있는 명함을 한곳에 모아서 정리정돈 하기를 바란다. 또한 친밀도 정도에 따라서 안부메일을 보내주고 호의적인 관계를 유지하기를 바란다.

사람은 누구나 지속적인 관심을 보여주면 끌리게 마련이다. 특히 당신이 영업사원이라면 최선의 노력하는 모습을 보여준다면 상대방도 신뢰가 쌓이게 된다. 사람간의 관계는 작은 인연에서부터 시작하는 법이다. 적극적인 노력과 관심으로 인적네트워크를 강화하기를 바란다.

PART **6**

자기계발은
자기 마케팅이다

CHAPTER 1

배움에 돈을 아까워하지 말라

흔히들 직장인이 되고나서 책 한권 읽기가 어렵다고들 한다. 하지만 이것은 핑계에 지나지 않는다. 담배 피우고 술 마실 시간은 있어도 서점에서 책 살 시간은 없다는 것은 누가 봐도 변명으로 밖에 들리지 않는다. 분명한 것은 본인이 책을 읽는 것, 공부를 하는 것에 대해서 필요성을 느끼지 못하기 때문에 하지 않는 것이다.

우리가 배운 지식은 직장에서의 업무지식을 반복적 습득으로 인해서 제한적인 지식을 가지고 있는 경우가 많다. 대학교에서 배운 지식을 직장에서 활용하는 사례도 물론 있겠지만 대다수의 사람들은 대학교의 지식은 거기서 끝나는 경우가 많다.

본인이 필요에 의해서 공부하는 것은 자신의 전문성을 향상하는데 큰 작용을 하게 된다. 자격증을 취득한다든지, 학교를 택해서 공부를 한다는 것은 매우 중요한 자신의 가치를 높이는 지름길이다. 하지만, 누구나 그렇지만 실행하기가 만만치 않다.

우리 주위에는 배움에 돈이 아깝다고 생각하는 많은 사람들이 있다. 배움은 그야말로 먼 미래에 대해서 투자를 하는 것이다. 그 투자가 당장은 돈이 들어가기 때문에 아깝다고 생각한다면 발전성이 없는 것이다. 특히 직장생활을 처음 시작하게 되면 시간이 없다고 생각할 수 있으나 시간은 잘 짜인 계획대로 습관을 길들이면 된다.

배움은 지금 당장 활용이 안 되나 장기적인 관점에서 엄청난 결과를 준다. 나는 신입사원 때 여러 선배 사원들을 보아왔다. 그 중에서 한 가지 내가 경험한 이야기를 해보겠다. 공부를 지속적으로 즐기는 선배와 공부에는 인색한 선배, 이렇게 두 명의 선배가 있었다. 어느 날 공부에 인색한 선배는 자기계발을 위해서 공부하는 것이 이해가 가지 않고, 돈과 시간이 아깝다고 이야기를 자주했다. 하지만 5~6년이 지나서 보니 그 차이란 엄청난 결과였다. 회사가 어려워졌을 때 본인이 가지고 있는 자격증, 자기계발의 노력, 전문성에 따라서 평가되기 때문이다.

결과적으로 끊임없이 자기계발을 한 선배는 대기업 컨설턴트로 스카우트가 되었고, 배움에 게을리 한 상사는 직장을 잃고 방황하게 되었다. 10년 뒤 그 차이는 더욱더 벌어져서 공부를 좋아했던 선배는 박사학위까지 취득하여 국내 최고의 컨설턴트 자리까지 오르게 되었다.

나는 그런 일들을 보면서 안정된 직장생활이 언제 무슨 일이 닥칠지 모른다는 위기의식을 갖게 되었고, 자기계발의 인식차이가 향후 본인의 인생을 결정짓는 데 큰 역할을 한 것을 깨닫게 되었다.

공부도 나이가 한 살이라도 젊었을 때하는 것이 유리하다. 공부에서 때가 있다는 어른들의 말이 틀린 것이 아니다. 특히, 배움에는 돈을 아깝다고 생각하지 말아야 한다. 너무 자기생활에 무리한 돈을 들여서 자기계발을 하는 것보다는 자기의 전공을 살려서 배움을 늘려가는 습관적인 태도가 중요하다.

요즘은 자기계발을 할 수 있는 다양한 프로그램들을 쉽게 접할 수가 있다. 그중에서 자기에게 도움이 되는 자기계발을 선택해서 집중력 있게 준비하는 것이 필요하다. 자격증 취득, 대학원, 어학학습 등 다양한 자기계발 등이 많기 때문에 단계별 계획을 세워서 진행하는 것이 필요하다.

자기계발에서 중요한 것은 꾸준함이다. 끈기 있게 하지 않으면 자기계발의 성과가 나타나기 힘들다. 그래서 자기계발도 자신과의 싸움인 것이다.

직장에서의 자기계발 바로 알기

학교 다니는 것은 공개하지 말라

자기계발 차원에서 대학원을 선택하여 공부하는 직장인들이 점차적으로 늘어나고 있다. 하지만 자칫 대학원 생활이 상사와 다른 동료들에게는 좋지 않게 보일 소지가 많다. 그래서 가급적이면 대학원에 다니는 것은 공개하지 말고 다니기를 권하고 싶다. 적극적인 회사의 마인드라면 괜찮겠지만 보수적 회사 또는 보수적 상사의 경우 사원이 다른 곳에 집중하는 것을 좋게 생각할 리가 없다.

졸업을 바로 코앞에 둔다면 알려도 괜찮겠지만 처음부터 대학원 생활을 공개할 이유는 없다. 직장생활의 원칙 중에 한 가지는 항상 본인에게 호의적인 사람만 있는 것이 아니라는 점이다. 진정으로 자기 자신에게 배움을 권하고 자기계발을 독려하는 상사라면 모를까 그밖에 사람들은 경쟁심을 가지고 있다는 것을 명심해라.

자기계발은 자기계발인 것이다

자기계발을 하는 사람 중에 혼동을 하는 사람들이 일부 있다. 자기계발을 통해서 특정한 자격증을 취득했거나, 어학실력을 향상했거나, 학위를 취득했거나 하는 것은 개인적인 실력향상을 도모한 것이다. 회사 내에서 이런 자기계발에 대해서 어느 정도는 인정을 하겠지만 자기계발을 했다고 해서 회사 내에서 지위가 올라가거나 급여가 올라가는 자기망상에서는 벗어나야 한다.

자기계발은 어디까지나 자기계발인 것이지 자신의 가치가 상승했다고 하더라도 회사에서 자기의 가치를 재평가해달라는 것은 무리이다. 자기계발의 기준으로 급여나 지위가 올라가면 모든 직장인들이 그것에 매달릴 것이다. 경쟁력이라는 것은 남들이 못하는 것에서 뛰어난 실력을 인정받는 것이지 남들이 안하는 것을 본인이 한 것은 단순한 노력으로 인정할 뿐 경쟁력이라고 볼 수 없다.

가령 워드프로세스나 운전면허 자격증을 취득했다고 가정해보자. 보편적인 수준에서 합격이 가능한 부분으로 인식이 되어 있기 때문에 이러한 자격증을 취득하더라도 인정받기가 어렵다. 회사에서 자신의 가치를 인정받고 싶다면 공인회계사, 공인노무사 등의 전문 자격증을 취득하는 길이 가장 빠를 것이다. 하지만 자기계발은 전문자격증을 취득하는 것도 중요하지만 자신의 가치점을 조금씩 향상시키는 노력의 과정이라고 보는 것이 더욱 현실감이 있을 것이다.

자기계발은 어떻게 해서라도 활용해라

자기계발은 꾸준하게 학습을 하는 과정이다. 자기계발을 하는 목적도 있어야 한다. 자기 전문성을 쌓기 위한 부분도 중요하지만 자신의 가치를 인정받기 위한 자기계발도 중요할 수 있다. 특히 취업시장에서 자기계발은 상당한 가치를 창출시킨다.

자기계발은 노력하는 모습을 보여주기 때문에 성실성의 척도가 된다. 비록, 가치가 낮을지라도 남들이 하지 않는 것을 했기 때문에 노력하는 모습에 있어서 훌륭한 점수를 받을 수 있다.

이러한 과정을 꾸준하게 해왔다는 것을 보여줄 수 있다면 자신의 가치는 올라가게 된다. 낮은 수준의 자기계발이라고 하더라도 꾸준하게 지속해 왔다면 분명한 효과가 있다. 작은 것이라도 학습하고 훈련을 해온다면 가치 있게 활용이 가능할 것이다. 자신의 가치를 올리는 것은 작은 부분에서부터 출발한다는 점을 잊지 말기 바란다.

CHAPTER

2

졸업이 어려운 방송대를 다녀라

요즘 직장인들의 자기계발은 어학을 공부하거나 업무에 대한 전문지식을 배우기 위해서 대학이나 대학원에 진학하는 경우가 많다. 최근 자기계발로 인기를 얻는 것이 학위취득이다. 하지만 학위취득은 오프라인의 경우 오고가는데 부담이 상당히 높고 다니는 과정이 쉽지는 않다.

직장인은 대학교 브랜드를 중요하게 생각하는 19살 고등학생이 아니다. 내가 진정으로 필요로 하는 학문을 학습하고 효과적으로 공부하는 과정을 학습하는 것이 중요하다. 입학과정이 쉬운 대학원에 비싼 등록금을 내고 다니기보다는 효과적인 학습전략을 세워서 나만의 배움을 실행하는 것이 중요하다.

사실, 대학원은 학부보다는 아무래도 입학이 쉽기 때문에 회사에서 생각하는 가치점이 낮다는 것을 인식해야 한다. 그렇다고 대학원의 수준이 높지 않다는 뜻이 아니다. 좋은 환경 속에서 폭넓은 지식을 얻는다면 더없이 좋을 것이다. 하지만 30대 젊은 나이에 비싼 등록금을 지불하면서 자기계발에 투자하기란 쉬운 일이 아니다. 또한 생각한 만큼 대학원의 이름값이 저하되어 있다는 것을 알아야 한다. 자기계발은 자기형편에 맞고 다닐 수 있는 환경이 좋은 곳을 생각해서 다니는 지혜가 필요하다.

이런 측면에서 대학을 이미 졸업한 직장인들이 자기계발 차원에서 학문적 지식을 습득하길 원한다면 방송대에 입학하는 것을 권하고 싶다. 학비가 1학기에 30만 원대로 저렴할 뿐만 아니라 편입제도를 활용하면 2년만에도 졸업이 가능하다.

앞서 설명했지만 누구나 다할 수 있는 자기계발을 하기보다는 아무나 하지 못하는 자기계발이 훨씬 더 가치가 있다. 졸업과정이 까다롭지만 짧은 기간에 다양한 지식을 습득할 수 있어서 제대로 된 학습결과물을 얻을 수 있다. 또한 방송대학은 혼자 공부할 수 있는 여건도 되고, 점검하고 체크할 수 있는 평가과정이 있기 때문에 게을러지지도 않는다. 다만, 방송대는 독학 중심으로 운영하기 때문에 일반대학보다 졸업과정이 몇 배는 힘든 과정이다. 하지만 모르는 분야를 배워나가기 위해서 공부한다는 자세라면 분명히 졸업도 수월할 것이다.

공부도 막연히 무엇을 해야 할지 모르기 때문에 정기적인 목표점이 있어야하며, 스케줄에 따라서 점검이 가능한 과정을 마치는 것이 좋다. 특히, 방송대학교는 자기계발에 따른 우수한 커리큘럼으로 독학으로 공부하는데 안성맞춤이다.

사실, 직장인들이 정기적으로 학습을 하기 위해서 학교에 나간다는 것은 보통 마음가짐으로는 불가능하다. 또한 직급이 낮은 직장인은 회사 눈치도 봐야 하고, 수업이 있는 날이면 퇴근시간도 걱정을 해야 한다. 결국은 공부하는 여건이 안 돼서 공부를 못한다는 직장인들이 많은 것이 현실이다.

또한 직장인들의 경우, 이미 대학을 졸업한 경우가 대다수이기 때문에 본인이 하고 있는 직무의 전문성을 높이기 위해서, 아니면 다른 분야에 관심 있는 부분에 초점을 맞추어서 공부를 해나가는 것이 좋은 방법이다. 특히, 방송대는 졸업이 무척이나 어렵기 때문에 졸업을 하게 되면 상당히 인정을 많이 받게 된다. 명문대를 졸업하고도 자기계발을 위해서 방송대를 입학하는 사람들이 증가하는 이유도 이런 이유에서이다.

또한, 방송대를 다니는 사람들은 대부분 직장인이기 때문에 관계를 형성하는 데도 많은 도움이 된다. 스터디그룹이나 직장인 모임과 같은 학업적 발전관계를 도모하는데도 향후 업무를 하는데 많은 도움이 된다. 요즘은 네트워크 시대인 만큼 인적 네트워크를 본인이 관심 있는 분야에서 어울리는 것이 필요하다.

중요한 것은 나의 직무전문성을 높이는 방법은 무엇이 있을까를 늘 고민하고 실행에 중점을 두는 것이다. 여기에서 나이는 중요하지가 않다. 자기 자신이 공부하고 있다는 것을 느끼며, 새로운 것들을 배워나간다는 도전 정신이 중요하다. 꾸준하게 본인이 노력을 해왔다는 것은 그만큼 열정이 있다는 뜻으로 해석할 수 있기 때문에 늦었다고 판단될 때 지금 당장 공부를 시작하는 것을 권하고 싶다.

그리고 노력하는 자기계발의 모습은 후에 좋은 측면으로 해석할 수가 있다. 당장 내가 필요 없다고 생각하더라도 같은 학위를 취득하든 자격증을 취득하는 것은 기록에 남기 때문이다. 같은 능력을 가진 사람이라도 노력하는 열정에 더 큰 점수를 주기 마련이기 때문이다.

CHAPTER 3

학력의 콤플렉스를 벗어던져라

직장생활에서 결코 자유로울 수 없는 부분이 학력이다. 기업들이 많이 변했지만 아직도 학력은 사람을 판단하는 기준으로 여기고 있으며, 특히 신입사원 채용에서는 학력이 입사의 당락을 좌우할 만큼 중요한 기준이 되는 것이 사실이다.

며칠 전에 평소 친분이 있는 교수님과 오랜만에 만나서 강의문제로 이야기를 나눈 적이 있었다. 교수님께서는 문득 나에게 이렇게 질문하셨다.

"윤 박사, 우리나라 대학교수 채용에서 가장 중요한 임용 기준이 무엇인지 아는가?"

나는 당연하게 말했다.

"교수님, 그것은 학회논문의 게재편수와 대학원 출신 전공 등이 아닐까요?"

교수님께서는 단호하게 말씀하셨다.

"윤 박사, 그것은 잘못 알고 있네. 국내 대학교수 채용에서 중요한 요소는 출신학부가 어디냐는 것이네."

나는 참으로 의아하게 생각했고, 대학교수 채용까지도 학부출신이 어디냐에 따라서 교수의 자질로 평가받는 부분이 안타까웠다. 물론 교수님께서 말씀하신 부분은 일부 대학교에 국한된 모습이라고 설명하셨다. 아직도 우리나라 사회는 학력이 많은 부분 좌우하고 있는 것이 현실이다.

우리는 연세 지긋하신 어른 분들께서 학부출신에 앞서 고등학교 출신학교까지 따지는 모습을 쉽게 접할 수 있다. 지금은 고등학교가 평준화가 되었지만 과거에는 고등학교도 대학교처럼 서열화가 매겨져 있었다. 명문 고등학교를 졸업한 사람들은 아직도 서로간의 학연을 관계로 유지하고 있다.

이렇듯 우리나라 정서에는 아직도 학력이 개인을 평가하는 중요한 도구로 자리 잡고 있는 것은 틀림없는 사실이다.

하지만 중요한 것은 1990년대 후반 IMF를 기점으로 학력을 바라보는 시선이 180도 변했다는 사실이다. 명문대를 졸업하면 더 이상 취업을 보장받던 시대가 지났기 때문이다. 굳이 이런 말을 하지 않더라도 이미 책을 읽는 독자들은 이해하고 있을 것이다. 중견기업 또는 중소기업 등에도 명문대 출신들은 수없이 많으며, 그들은 학력이라고 해서 특별히 좋은 대우를 받거나 승진 혜택이 있는 것이 아니다. 왜냐하면 직장생활의 능력이 더 이상 학력이 아니라는 사실을 깨닫기 시작했기 때문이다. 회사는 철저한 능력주의로 변모되었다. 학교만 믿고 자리만 차지하고 있는 사람들은 경쟁자들에게 뒤쳐질 수밖에 없다.

채용시장에서도 학력에 대한 측면이 과거에 비해서는 상당히 달라졌다. 전문성이 있다면 학력쯤은 상관없다는 인식이 팽배해졌고, 실력과 능력으로 평가받는 측면이 확실히 많아졌다. 학력보다 본인이 얼마나 많이 노력을 했고, 그 노력을 위해서 남보다 더 창의적으로 성과를 냈는지가 중요한 것이다. 괜한 학력 콤플렉스로 자신의 가치를 발견하지 못하는 안타까움에 사로잡히지 않기를 바란다.

학력은 그야말로 앞으로는 평생교육이라는 개념으로 변하게 될 것이다. 과거에는 암기와 주입식 교육이 중요했지만 이제는 그런 시대는 지나갔다. 학력보다는 본인의 커리어에 얼마나 노력하고 창의적인 자기계발을 해왔는지가 평가기준이 되고 있다. 앞으로의 교육은 평생교육이라는 마인드로 생활해야 한다.

요즘 잘나가는 컨설턴트들을 보면 학력에 의해 좌우되지 않는 분들이 많다. 그 분들은 역경을 넘어서고 학력보다는 자신의 장점을 가지고 업무에 매진하여 최고의 성과를 올린 사람들이다.

하지만 안타깝지만 아직도 우리는 학교의 굴레를 벗어나지 못해서 열등감에 사로잡혀 있는 사람들이 있다. 나는 이런 사람들에게는 더 열정적으로 자기계발을 하라고 당부하고 싶다. 과거 1980~90년대 취업한 직장인들의 경우에는 학교가 거의 대부분 능력을 평가하는 도구였다. 하지만 지금은 어떠한가? 대부분의 학력은 인플레이션 되어 있고, 대학의 서열이라는 측면도 이미 많은 부분 무너지기 시작했다. 이런 측면에서 학교라는 것을 어떤 기준으로 평가할 수 있겠는가? 특히 직장에 입사하면 1년도 못 채우고 그만두는 신입사원이 태반인 상황에서 대학만 좋다고 믿음이 있는 것은 아니다.

중요한 것은 특성화 되어 있는 자기만의 지식을 축척하는 것이고 다른 사람들에게 그 믿음을 증명해 주는 것이다. 기술에 능숙한 전문성을 개발한다든지, 특정분야에 있어서 따라오지 못할 자격증을 취득한다든지 하는 자신만의 노력이 더욱 절실히 필요하다.

인간은 눈에 보이는 현상만 믿는 믿음이 강하다고 한다. 결과적으로 명문대학을 나왔다고 해도 잘 된 사람들만 보이기 때문에 학력이라는 것이 중요하다고 생각할 수 있다. 승진을 하더라도 명문대학을 나와서 승진이 빠르구나 생각할 수도 있다. 하지만 명문대학을 나왔다고 다 승진하는 것도 아니고, 직장생활을 보장해 주는 것도 아니다. 중요한 것은 눈에 보이는 것뿐만 아니라 안 보이는 현상들이 우리 주위에는 더 많다는 것을 명심해야 한다.

한번 선택된 학력을 탓하기보다는 자신이 성취하는 자기계발을 통해서 얼마든지 학력의 굴레를 벗어날 수가 있는 것이다. 그런 노력을 위해서 남들보다 더 빠르게 자기계발을 통한 전문성을 확보하는 것이 중요하다. 아직도 학력의 굴레 속에서 열등감을 버리지 못한다면 당장 버리라고 말하고 싶다.

그리고 지금 당장 본인에게 필요한 전문성이 있는 자기계발에 온힘을 쏟기를 바란다. 학력 탓만 하고 자기 노력도 하지 않는다면 결과적으로 자기 발전이 없는 사람이 되고 만다. 주위의 성공한 사람들을 보더라도 학력의 한계를 극복하고 자신과의 싸움에서 이긴 사람들이 대다수이다. 꾸준한 자기계발의 노력을 통해서 학력의 굴레를 벗어던지기를 당부한다.

CHAPTER 4

확실하게 박사학위를 취득하라

얼마 전 한국직업능력개발원이 박사학위 취득자를 분석한 결과 우리나라 평균 박사학위 취득나이는 만 40살 정도이고, 기간은 평균 5년이 소요된다고 발표되었다. 또한 직장인 박사비중은 70%선으로 해마다 증가추세라고 한다. 올해 초 통계청 집계에 따르면 2009년 한 해 동안 국내 박사학위 취득자는 1만 명을 넘었다고 밝혔다. 해외대학교에서 취득한 박사학위 취득자까지 합한다면 그 수는 훨씬 더 많아질 것이다.

박사학위는 더 이상 특정인만이 취득하는 학위가 아닌 것이다. 직장인들도 충분히 도전하여 취득할 만한 수준이 된 것이다.

그러나 박사학위를 받았다고 해서 다 같은 박사가 아니다. 특히 박사학위를 취득 후 지속적인 연구 활동을 계속해야만 박사로서 인정을 받을 수 있다. 박사학위만 취득하고 연구 활동이 없으면 전문성을 인정받기가 어렵다.

박사학위 취득 후 등재 연구논문을 최소 1년에 2~3편이상은 게재해야만 진정한 박사로서 인정을 받을 수가 있다.

일반적으로 교수나 연구자들의 연구실적을 평가하는 기준은 국가에서 관리하는 등재 학회지의 게재 여부이다. 유명한 등재 학회지에 논문에 게재가 되면 학계에서도 주목을 받게 되고, 연구자에게는 큰 명예가 되는 것이다.

국내에서는 3가지 종류의 학회지가 있다. 바로 등재학회지, 등재후보학회지, 일반학회지이다. 등재학회의 경우 엄격한 평가기준과 심사기준으로 논문의 질적 수준을 관리한다. 학회라고 해서 다 같은 학회가 아닌 것이다. 등재학회지에 논문 게재가 많을수록 자신의 가치가 올라가는 것이다. 대부분 국내 교수채용 기준에서 최근 3년 이내 등재학회지 논문 최소 3~4개 정도를 최저 지원기준으로 두고 있다. 박사학위를 취득 후 최소한 10편 이상 등재학회에 논문을 게재했다면 전문가로서 인정받을 수 있다.

하지만 대부분 직장인 박사들의 경우 학위취득만 해놓고 별다른 연구 실적이 없는 경우가 태반이다. 단지 학위만 취득하는 것이 목적이었다면 요즘은 넘쳐나는 박사학위 자들을 전문가로 인정해주기는 어려운 시대이다.

물론 자기계발을 위해서 반드시 박사학위를 취득할 필요는 없다. 공부라는 것은 본인이 만족감을 느끼고 지식을 습득하는 과정에서 즐거움을 찾으면 된다. 다만, 직장인이라면 향후 40대 이후를 바라보면서 자기계발을 할 필요성이 있다. 특히, 컨설턴트나 전문직으로 희망하는 직장인의 경우 박사학위를 취득 후 연구 실적이 어느 정도 있으면 본인의 가치가 더욱 올라갈 수가 있다. 직장에서의 경력도 중요한 부분이지만, 박사학위를 취득하는 것 역시 또 다른 전문성으로 인정받을 수 있기 때문이다.

본인이 앞으로 무엇을 통하여 자신의 가치를 올릴 것인가를 생각한다면, 업에 대한 전문성과 성장 가능성을 고려하는 것이 좋다. 지금도 직장 다니는 것 자체가 바쁘고 할 일이 태산이라고 말하겠지만 공부는 자기시간을 어떻게 관리하느냐에 따라서 효과적으로 얼마든지 가능하다.

학자가 되기 위해서 박사학위를 취득하는 시대는 이미 지난 지 오래다. 요즘은 과거처럼 지식을 습득할 수 있는 기회가 제한적이지도 않고 전적으로 개인의 전문성을 위한 노력이 요구되는 시대이기 때문이다. 인터넷 검색만 해도 지식이 넘쳐난다. 자신의 전문적 지식을 습득하고 지식을 끌어올리는 기회로 학위를 취득하는 사례가 증가되고 있지만 생각보다 제한된 지식을 습득하는 경우가 많다. 지식의 습득은 자격기준이 아닌 기존의 지식을 활용하여 새로운 가치를 창출시키는 평생학습 측면으로 접근해야 한다.

사실, 본인도 경영학 박사학위를 직장생활을 병행하면서 취득했다. 직장생활을 하는 와중에 전공을 바꿔 경영학 학사, 석사, 박사를 차례로 마친 것이 자랑이라면 자랑이다. 낮에는 일하고 밤에는 독하게 공부에만 매진한 결과였다.

나의 자기계발 노력은 정말 우연처럼 찾아왔다. 앞서 설명했지만 내가 다니던 회사는 급여도 괜찮았고, 직원들의 복지수준이 좋은 편이었다. 근무환경이 최적이었고, 평생직장처럼 안정적인 회사였다.

이런 회사가 믿기지 않게 하루아침에 인수합병이 되어 버린 것이다.

나는 급하게 중국에서 귀국하여 몇 달 동안 합병 프로젝트를 진행하면서 앞으로 내가 펼쳐나갈 모습은 안정된 것이 아니라는 것을 깨닫게 되었다. 특히 기업간 인수합병이 되면 아무리 능력이 뛰어난 사람이라도 사람을 평가하는 기준이 없기 때문에 참으로 어려움이 많다. 많은 사람들이 회사를 나가고 다른 환경에서 근무하는 부담도 안게 되기 때문이다.

나는 이런 환경을 직장생활 6년차에 경험하게 되어 무엇보다도 당시 상황을 적응하는 데 어려움이 많았다. 정말로 '직장이라는 곳은 안정적인 곳이 아니구나'라는 생각을 했다. 나는 불안한 직장보다는 향후 나만의 전문성을 가지고 나의 가치를 증대시킬 수 있는 일에 흥미를 가지게 되었다. 그래서 우선, 공부의 필요성을 느끼게 되어 지방의 한 국립 대학교 박사과정에 입학을 하게 되었다.

사실, 서울의 명문대학교였다면 좋았겠지만 그 당시 직장생활과 병행하면서 박사과정을 다닌다는 것 자체가 불가능했고, 엄청난 학비로 인해서 엄두가 나질 않았다. 가족의 생계를 책임져야 하는 몸으로 확실하게 박사학위를 취득한다는 보장도 없는 상태에서 직장을 먼저 그만둘 수가 없었다. 비록 지방이었지만 국립 대학교는 그 당시 나의 직장환경과 급여수준에 비하면 적절한 선택이었다.

컨설턴트와 같이 업무추진이 많았던 나는 미래 나의 모습을 멋지게 그려보는 것이 즐거웠었다. 당장 무엇부터 해야 할까 고민을 많이 했었지만, 차근차근 나의 갈 길을 준비하는 것만이 경쟁력이라고 생각했었다. 나는 최소한 전문성이 있다고 판단했었지만, 많은 벽 앞에서 내 스스로의 경쟁력이 없다는 자책감과 무력감이 존재하였다. 당장 나가서라도 무엇인가를 할 수 있는 버팀목이 있어야 한다는 강한 도전정신이 내게 엄청난 몰입을 만들어 주었다.

하지만 직장생활과 공부를 병행하기 위해서는 몇 배의 어렵고 힘든 시간을 감내해야 한다. 나는 그 당시 졸업하지 못한다는 강한 압박감에 시달렸다. 젊은 나이에 내 모든 것을 학위에 걸었으니 말이다. 박사과정은 주간 과정이라서 직장생활과 병행하기는 어려운 여건이었다. 그래서 나는 가족들의 만류에도 불구하고 학위과정 1년을 남기고 잘 나가던 LG를 그만두고 박사과정에 몰입하여 학위를 취득하였다. 나는 그 당시 한 가지를 얻기 위해서는 한 가지는 포기해야 된다는 진리를 깨달았다.

무엇보다 중요한 것은 본인이 하고자 하는 목표를 뚜렷하게 정하고 그것을 위해서 단기간 투자하는 것은 본인이 일하는데 있어서 큰 도움이 된다. 그것은 안 된다는 사고를 버리고, 늦었다고 시작하는 지금 시작하기를 권한다. 그리고 공부라는 것은 인생에 있어서 살아가는 습관이며, 노력하는 결실인 것이다. 공부를 하는 것은 내가 남과 같이 하면 남을 뛰어넘을 수 없듯이 남보다 몇 배의 노력을 경주해야만 그 결실은 나오기 마련이다.

꼭 공부가 아닌 다른 것이라도 본인이 나중에 무엇을 해 먹고 살 것인가를 고민한다면 많은 관심을 가지고 노력해야만 먼 미래 과거를 돌아보는 여유쯤은 생길 것이다. 박사학위를 취득하고 우수한 학회에 20여 편 논문을 게재하다보니 학회 임원, 논문 심사위원, 교수직 등의 기회가 주어졌다. 또한 강의기회가 적지 않게 찾아왔다. 실무경력을 겸비한 박사학위취득자는 앞으로 전문직으로 나갈 기회가 많다. 직장생활과는 또 다른 인생의 기회가 주어진 것이다.

결과적으로, 한 분야에 전문가가 되면 다양한 기회들이 생기기 마련이며 자신의 영역이 더욱 넓어지게 된다는 사실이다. 과거처럼 정보습득이 어려운 공부환경이 아니기 때문에 요즘의 박사학위 취득은 생각만큼 그리 어렵지는 않다. 나의 전문성을 살린다는 각오로 공부에 매진한다면 좋은 성과가 나타날 수 있다. 이러한 측면에서 학자로서가 아닌 자신의 전문성을 살릴 수 있는 박사학위를 취득하는 것은 직장생활에 있어서 긍정적인 효과가 나타날 수 있을 것으로 믿는다. 그리고 무슨 일이든 자기하기 나름 아니겠는가? 박사학위 자체가 중요한 것이 아니라 무엇이 되었든 지속적인 자기 연구와 노력이 뒷받침 된다면 그 분야에 있어서 전문가로 세상 사람들이 인정해줄 것이다.

희소성 있는
전문 자격증을 취득하라

자격증은 희소성이 있는 자격증 일수록 가치가 높다. 요즘은 직장인들이 인정받을 수 있는 자격증이 많으며, 향후 자격증을 가지고 직무에도 적지 않게 도움이 되는 자격증이 많아졌다.

특히 중요한 것은 일정시간 교육을 이수하면 자동으로 나오는 자격증은 인정받기가 힘들다. 어렵더라도 시험을 쳐서 자격증을 취득하는 것이 인정을 받을 수 있다. 자격증도 시대에 따라서 변하기 때문에 전문적인 자격증을 따서 향후 미래를 대비하는 것도 하나의 방법이다.

기왕이면 본인의 직무와 적합한 자격증을 취득하는 것이 효과적이다. 뿐만 아니라 본인이 관심 있는 분야에 대해서 자격증을 취득하는 것도 좋다.

직장인들이 관심을 가는 자격증은 몇 가지로 분류된다. 몇 년씩 공부하는 고난이도의 자격증은 취득하기가 쉽지는 않다. 다만, 직무분야에서 관심 있게 인터넷을 검색해 보면 본인에게 맞는 자격증이 있다.

검색엔진에서 자격증을 검색해 보면 최근에는 자격증 경향, 취득 시

향후 전망 등을 종합적으로 살펴볼 수 있다. 특히, 그중에서 외국자격증을 취득하라고 조언하고 싶다. 외국자격증의 경우, 희소성이 크며, 향후 본인의 전문성을 알리는 데 가장 효과적이기 때문이다.

다양한 종류의 외국자격증이 있기 때문에 유망한 전문 자격증 등이 많다는 것을 알게 될 것이다. 최근 유망한 외국 전문 자격증에는 PMP(Project Management Professional), CIA(국제공인내부감사사), CFP(국제재무설계사), CIIA(국제공인증권분석사), CISA(국제공인정보시스템감사사), CFA(국제재무분석사) 등 다양한 종류가 있다.

특히, PMP의 경우에는 프로젝트 관리 기술자라고 하며, 프로젝트 관리 종사자들에게 각광받는 자격증으로 전망이 매우 밝다. CFA는 펀드 매니저들로 부터 많은 인기를 얻고 있으며, 증권사, 금융 종사자들로 하여금 필요성이 증가되고 있다. CIA는 내부감사사로서 내부감사의 업무에 적합한 인력양성을 목적으로 하며 세계적으로 2만 7,000명이 자격증을 취득하여 활약하고 있다.

희소성 있는 자격증은 자기 자신에게 충분한 경쟁력으로 작용할 것이다. 본인에게 맞는 분야에 대해서 한번쯤 도전해 본다면 자기가치를 향상시키는 데 도움이 될 것이다.

PART 7

몰입하는 기술을 배워라

CHAPTER 1

몰입하는 즐거움을 느껴라

　우리는 토끼와 거북이에 대한 경주 이야기를 누구보다 잘 알고 있다. 이 이야기는 단순하지만 생각할수록 시사하는 바가 크다. 경주에서 이기고 지고를 떠나서 지속적인 노력을 하면 언젠가는 목표한 바를 이룰 수 있다는 교훈이 값지다.

　하지만 나는 이 경주는 잘못된 경주였다고 생각한다. 백번을 하더라도 육지에선 토끼가 당연히 이길 수밖에 없는 경기이기 때문이다. 만약 바다에서 경주를 했다면 상황은 달라졌을 것이다. 물위에 제대로 뜨지도 못하는 토끼는 거북이에게 백번을 시도해도 졌을 것이다.

　하지만, 토끼와 거북이 시합은 어찌 보면 아무리 불리한 상황이더라도 거북이의 몰입과 노력이 더해지면 승리할 수 있다는 교훈을 준다. 누구나 꾀가 많으면 그 꾀에 속아 넘어가 쉽고 빠른 것만 찾기 때문에 노력하는 참맛을 모른다는 것이 이치에 맞는 것 같다.

　몰입은 거북이와 같이 한 가지 방향에 몰두하고 노력하는 것과 마찬가지다. 몰입하는 것은 끊임없이 노력하면서 자신도 모르는 사이에 결과가 성취된 것을 느끼면서 재미를 찾을 수 있다. 직장생활은 장기적인 경주이고 그 경주에서 이기기 위해서는 몰입하는 습관이 중요한 것이다.

우리 주위에는 직장에 출근해서 하루가 보람되지 않다고 생각하는 사람들이 의외로 많다. 심지어 휴가를 보내면서 하루 종일 놀고 있더라도 즐거움을 모르는 사람들도 있다. 직장인이라면 누구나 하루하루 무사히 보냈다는 안도의 한숨을 쉬면서도 내일은 또 어떻게 살아가야 할까라는 막연한 걱정을 하게 된다. 앞날에 대해서 걱정이라도 하는 사람들은 그나마 준비하고자 하는 노력을 하려는 사람들이다. 하지만, 미래에 대해서 아무 생각이 없고 계획된 바도 없는 사람들은 몰입의 수준이 낮은 것은 아닌지 생각해 볼 필요가 있다.

이 사람들은 지금하고 있는 회사생활이 즐겁다는 생각일까? 아니다. 이미 의욕을 잃어버려서 내가 지금 왜 직장생활을 하고 있으며, 앞으로 5년 뒤, 10년 뒤 나에게 찾아올 변화된 환경에 대해서 무감각한 상황으로 변한 것이다.

회사에 나와서 일을 하더라도 업무를 하면서도 즐겁지 않은 느낌, 누군가에게 터놓고 이야기하고 싶지만 그렇지 못한 환경을 탓하며 그냥 시간이 지나가는 대로 흘러가는 것을 느끼며 사는 인생이 많은 것이다. 쉬는 주말이면, 아무 생각 없이 TV에 몸을 맡기고 하루 종일 시간을 보내기도 한다.

그렇다고 내가 살아온 인생이 헛되이 보내지는 않았다고 자부하며, 보람 있게 생활해 왔지만, 왠지 나에게는 불안한 미래가 연속된다는 생각을 하면 눈앞이 끔찍하다. 이런 모습은 더욱 나이를 먹으면서 30

대에서 40대로 갈수록 초초함과 불안감은 더욱 늘어간다.

흔히 40대에 접어들게 되면 앞으로의 직장생활의 미래가 훤히 보이게 되고 어느 정도 인생에 있어서도 자신의 위치가 결정이 된다. 그 중요한 시점에서 우리는 미래를 위해서 시간을 초월한 몰입을 통해서 남은 직장생활에 전력을 다해야 한다.

CHAPTER
2

자기 혁신에 몰입하라

보통은 사회생활을 시작하는 나이가 20대 후반에서 30대 초반이다. 요즘은 취업하는 나이가 점점 늦어지고 있어서 여성의 경우에도 보통은 25살을 넘게 되는 경우가 많다. 이는 취업을 위해서 어학연수나 자격증 준비 등을 하는 사람들이 많아지기 때문으로도 해석된다. 하지만, 힘들게 들어간 직장을 다니는 우리의 체감정년은 현재 44살이라는 한 채용전문 기관의 설문조사 결과는 눈앞을 깜깜하게 만든다. 이런 결과라면 우리는 학교를 졸업 후 15년 내외밖에 직장생활을 하지 못한다는 뜻이다.

사실 맞는 부분일 수도 있다. 주위를 보더라도 요즘은 50대 직장인을 보기가 힘들다. 점점 직장인의 수명은 짧아지고 있고 지금의 20대와 30대들은 더욱더 정년이 낮아져서 40살 전후가 직장인의 체감정년으로 느껴질 수 있을 것이다. 40대 전후로 대부분 직장을 그만두게 되거나 더 다닌다면 40대 후반의 임원이 되어야만 가능하다. 임원이 되더라도 직장에서 버티기가 어려운 것이 현실이다. 세계경기가 어렵다보니 글로벌 인재들도 넘쳐나고 있고 젊고 유능한 사람들로 하루가 다르게 채워지는 현실을 보면 밀려나야 될 때가 아닌가 생각이 들 것이다.

이런 현실을 이해하고 있다면 우리는 무엇을 준비해야 되는가? 치열한 경쟁관계에서 시간이 지나가는 대로 그저 '나를 자를 때까지 먹여주십시오' 하는 자세는 절대로 오래갈 수가 없다.

수많은 자기계발서와 직장인들의 처세술을 읽어봐도 내가 감당하기는 어려운 이야기들만 있고 또 자기계발을 막연히 해왔다 하더라도 딱히 성공하기는 쉽지가 않은 것이 지금의 현실이다.

하지만 이제 30대~40대가 퇴직 걱정을 하고 버티기 작전에 들어간다면 문제가 심각한 수준이라는 것을 말하고 싶다. 그것은 아마도 주위에 퇴직 걱정에 노후 걱정을 하는 동료들이 많고 환경이 상당히 부정적 측면이 많은 것은 아닌지 따져볼 필요가 있다.

직장환경은 의욕적으로 일하는 데 있어서 매우 중요한 역할을 한다. 만약 주위에 젊고 유능한 사람들이 함께 있다면 좀 더 발전적이고 건설적인 이야기들이 오고가면서 자기도 모르게 하고 싶은 의욕이 넘쳐나게 된다.

무엇인가를 간절히 바라거나 내 스스로 변화된 모습으로 살기 위해서는 강한 결핍이 있어만 한다. 내가 부족함을 절실히 깨닫고 그것을 소망하고자 할 때 원하는 것을 목표로 삼고 이룰 수가 있다. 우리 직장인들은 쉽게 결핍이 오지 못하기 때문에 이루고자 하는 목표가 그만큼 정해지기가 어렵다.

특히, 안정적인 직장을 다닌다거나 미래를 예측하지 못하는 환경이라면 더더욱 결핍을 느끼지 못하기 때문에 자기혁신은 게을러질 수밖에 없다. 반면에 내 스스로에게 지금의 현실을 뛰어넘고 싶은 강한 결핍된 환경과 자극된 삶이 느껴지게면 무엇인가를 준비하도록 이끌게 만든다.

세상에는 도저히 믿기지 않는 사람이 성공을 거두거나, 우리가 이해하기 힘든 정해진 법칙을 초월하는 일들에 놀라움을 금치 못하는 경우가 많다. 그러나 그것은 자연스럽게 발생하는 것이 아니라 꾸준한 노력과 탐구를 통한 결핍으로 인한 강한몰입을 통해서 얻어지는 수확 일뿐이다.

처음부터 일확천금을 노린다면 당장 그것을 그만두는 것이 좋을 것이다. 단지 돈을 위해서 성공을 해야 한다는 각오는 결핍에서 오는 결심이 쉽지 않기 때문이다. 그보다 성장과정에서의 환경과 고생, 반드시 이기겠다는 자신과의 싸움에서 오는 목표점이 성공을 만들 수 있는 결핍이 더 크게 성립될 것이다. 그리고 천천히 그 목표점을 위해서 단계를 밟아나가면서 성공의 결과가 보이기 시작하는 것이다.

그리고, 쉬지 않는 노력과 정신력이 있어야만 원하는 목적을 달성할 수 있다. 세상에는 공짜가 없는 법이기 때문이다. 아무리 남들이 하찮게 여기는 자격증이라도 한번 따려면 얼마나 피로도와 공부에 집중해야 되는지 해본 사람만 알 수가 있기 때문이다.

가끔씩 뉴스를 장식하는 골프우승의 주역들을 보면 운이 좋거나 한 번쯤 우승한 것을 가지고 야단이구나 하겠지만 굉장한 노력과 정신력으로 무장한 사람들만이 누리는 결과라고 볼 수 있다. 그것은 우리가 대단한 사람이구나라고 생각만 하겠지만 그 피나는 노력을 우리가 경험하게 된다면 감탄을 느끼는 강도가 더 클 것이다.

성과를 얻는 과정은 단 한 번에 그치지 않는다. 그 뒤에는 숨은 노력과 희생이 따르기 마련이다. 그것이 세상의 이치이며 그러한 경험을 해본 사람은 또 다른 성과를 위한 도전을 지속적으로 한다. 돈을 많이 얻는다고 해서 자기 노력을 하지 않는다면 그것은 금방 돈에 의해서 게을러지게 된다. 하지만 돈보다도 더욱 소중하게 여기는 것이 노력이고 그 노력을 위해서 지속적이고 반복적인 훈련을 거듭하게 되면 돈은 저절로 따라오게 마련이다.

우리는 여기에서 자기혁신의 몰입이 진정으로 필요한 이유를 알아야 한다. 그리고 그러한 자기혁신은 나이와는 전혀 상관이 없다고 일러두고 싶다. 나이가 많든지 적든지 간에 자기혁신은 진정으로 자기가 추구하는 노력을 유발할 때 몰입이 되며, 그 몰입 속에서 본인이 성장하는 느낌을 받게 되면 열정이 나타나게 되는 것이다.

직장생활 속에서 우리는 업무적인 혁신을 외치지만 정작 중요한 것은 자기가 갈 길에 대해서 뚜렷한 목표를 정하고 그것을 위한 자기혁신을 게을리 하지 않는 노력이 지금의 직장인들에게는 무엇보다 필요한 것이다. 그리고 그 자기혁신의 바탕에는 몰입이라는 방법론이 있다. 그 몰입을 통해서 우리는 남들보다 더 빨리 원하는 성과를 얻고 직장생활의 즐거움을 다시 되찾게 될 것이다.

시간을 뛰어넘는 몰입

우리는 즐겁고도 유익한 몰입의 세계를 경험하게 나면 그야말로 인생이라는 바로 이런 것이라는 깨달음을 얻는다. 내가 하고 싶은 일이나 반드시 관심은 없더라도 내가 하고 있는 일에 몰두하게 되면 몇 시간이 지나가더라도 전혀 지루함을 모른다.

흔히 우리는 하고 있는 일이 지루하게 느껴지거나 하기 싫은 것을 억지로 할 때 시간이 가지 않는 경험을 많이 하게 된다. 이런 경험은 몰입의 효과가 낮기 때문에 발생되는 현상이다. 우리는 어느 것에 한참을 관심 가지거나 대상물에 대해서 해결하기 위한 노력을 많이 하게 될 때 시간 개념을 잊어버리는 현상을 경험하게 된다.

몰입은 사람과의 관계에서도 대비되는 효과가 나온다. 때때로 우연히 아는 사람과 같은 방향의 길을 가야할 경우가 있다고 가정해 보자. 이럴 경우, 내가 좋아하고 만나고 싶은 사람과 함께 걸어간다면 30분이 3분처럼 느껴질 것이다. 이 경우에는 이야기 자체가 즐겁고 본인도 모르게 시간이 지나가는 경험을 할 것이다.

하지만 내가 싫어하는 사람이나 꺼려하는 사람과는 30분이 3시간처럼 느껴질 것이다. 이처럼 몰입하게 되면 시간을 잊어버리는 현상은 지극히 자연스럽다.

몰입은 내가 하고 있는 일에 큰 관심과 반응을 불러온다. 내가 하고 있는 일이나 행동에 대해서 몰입은 반응이 오기 때문이다. 특히, 연구원들의 경우 밤새 연구 활동을 하고, 논문을 작성하고 새로운 것을 창조하는 과정 속에서 시간이 지나가는 개념을 인지하지 못하는 경우가 종종 있다.

특정분야의 직무가 해당될 수 있으며, 소프트웨어를 개발하는 개발자 등이나 현상을 탐구하는 연구자 등의 경우 이런 몰입도가 상당히 높은 편이다. 그들은 일하는 것에 있어서 즐거움을 찾고 그것을 본인들이 노력한 것에서 찾거나 이루었을 때 엄청난 시간이 소비되었더라도 즐거움으로 여긴다.

이것은 몰입의 가장 기본적인 모습이다. 직장에서도 마찬가지로 몰입의 수준을 파악하고 그것을 습관화하는 것은 매우 중요한 활동이다. 몰입은 이처럼 다양한 분야에서 얼마든지 생성될 수 있으며, 본인이 하고 있는 부분에서 언제나 적용이 가능하다.

천재적인 과학자들의 대부분은 이런 몰입도가 상당히 높은 편으로 새로운 세계를 접해본 경험을 이야기하곤 한다. 천재성이라는 측면은 바로 얼마나 그것에 대해서 관심을 가지고 주의력을 집중하여 몰입하는가에 따라서 완전히 새로운 성과물이 창조된다는 것이다.

터닝 포인트에 몰입하라

성과가 높은 사람들의 특징은 문제해결 능력이 뛰어나다는 것이다. 가장 합리적인 문제를 해결하기 위해서 지속적으로 고민을 하기 때문이다. 직장생활을 하다 보면 다양하고 복합적인 문제점들이 나타나는데 몰입은 극한결정을 하지 않으며 문제해결에서 뛰어난 성과를 도출하도록 도움을 준다. 그리고, 언제쯤 앞을 치고 나가야 되는지의 직장생활의 터닝 포인트를 결정하는 데 중요한 역할을 해준다.

마라톤에서 42.195km의 거리에서 우승하기 위해서는 뛰어난 제구력도 중요하지만, 언제쯤 치고 나갈 것인가의 터닝 포인트를 가장 중요한 우승의 전략이라고 판단한다. 경쟁자들과 그룹을 지어서 뛰지만 머릿속에는 언제 따라오지 못하도록 앞으로 뛰어나갈 것인지를 고민하면서 뛰게 된다. 경기에서도 전략이 필요하듯이 우리의 직장생활에서도 터닝 포인트는 매우 중요한 부분이다. 그렇다면, 터닝 포인트를 위해서는 무작정 돌진해 나가는 것이 필요한 것은 아니다. 준비된 것이 있어야만 앞으로 나갈 것이 아닌가? 준비된 것 없이 무조건 앞으로 나갈 경우 힘에 못 이겨 그만 주저앉고 말 것이다. 터닝 포인트는 직장생활에서 오는 위기를 극복하는 전환점을 마련해 주며, 얼마나 잘 활용하는가에 따라서 성공적인 직장생활을 이어갈 수 있다.

그리고, 기회를 잡는 터닝 포인트는 가만히 앉아만 있다고 오지 않는다. 본인의 노력을 인정받을 수 있는 기회를 엿보고 터닝 포인트를 항상 고려해야 한다. 그리고 도전정신과 열정이 있는 직장인에게 기회가 오기 마련이다.

내가 아는 A씨의 이야기를 소개하고 싶다. 대기업에 다니는 A씨는 능력도 출중해서 누가 봐도 엘리트 직장인이라고 해도 손색이 없다. 하지만 A씨는 좀 더 높은 성과를 창출하는 직무를 담당해 보고 싶었다. 그래서 직무이동을 하려는 계획을 세웠는데 아무도 가지 않으려는 신설된 보직이 한곳이 있었다. 성과를 창출하면 누구나 인정받을 수 있는 곳이지만, 성과를 극대화하기 어렵다는 이유로 모두들 꺼리는 곳이다. 이곳으로 갈 것인가 말 것인가를 고민하는 상황이다.

위와 같은 상황이라면 당신이라면 어떤 결정을 내리겠는가? 이 부분에서 터닝 포인트가 필요한 부분일 것이다. 만약, 준비된 자신의 자기계발의 노력과 전문성이 있다면 한번쯤 터닝 포인트를 생각해 볼 수도 있다.

중요한 것은 진취적이고 미래를 준비하는 직장인은 당당하며, 자신감이 있다. 그리고 자신의 문제점을 해결하기 위해서 적극적이며, 상당히 진취적으로 본인의 자리를 스스로 만들어 나간다는 점이다. 주위의 직장인들을 둘러볼 때 당당하게 본인의 직무에 대해서 변경하면서 원하는 직무를 수행하는 사람들의 경우 대체로 자신감이 높은 사람들이다. 터닝 포인트를 잘 활용하는 사람들이라고 볼 수 있다.

반면에 몰입도가 낮고 관심분야에 흥미가 없는 사람들은 대게 안정과 생존추구에 강한 측면이 강한 사람들이 많다. 어떻게든지 먹고사는 부분이 더 중요하게 생각되고 불안정한 생활을 지속적으로 이어가고 싶은 욕구가 더 강하기 때문에 자기주장이 어려워지게 된다. 그리고 문제해결 능력이 낮기 때문에 변화에 무척이나 두려워한다. 결과적으로 준비해 온 것도 없기 때문에 더 좋은 기회를 위해 나가거나 지금의 환경을 바꾸기는 어렵다.

하지만, 준비된 사람은 성공을 위해서 자신의 계획 속에서 언제가 터닝 포인트인지를 파악하고 항상 대안을 마련해 둔다. 기회는 분명히 준비된 자만이 얻을 수 있으며, 목표된 바를 이루는 사람들도 계획된 사람들에 의해서 달성이 가능한 것임을 잊지 말아야 한다.

그러한 자신감은 본인이 얼마나 자기계발을 해왔고 노력을 해왔는지에 대해서 평가받기 때문에 그만큼 준비를 해오는 과정이 필요한 것이다.

중요한 것은 대부분의 성공한 사람들은 엄청난 자기혁신을 통해서 본인의 성과를 극대화 했다는 것이다. 이렇게 성공한 사람들은 문제해결 능력을 키우고 안 되는 부분에 대해서 생각을 반복하고 학습과 훈련을 거듭해 진정으로 본인이 원하는 성과를 올리게 되는 것이다.

미래를 위해서 노력해 온 사람들은 당당하며, 본인의 위기를 정면으로 돌파하는 자신감을 만들어주며, 자신이 앞으로 나가야 될 터닝 포인트를 가능하게 만들어 주는 것임을 잊지 말자.

몰입은 인정받고 싶은 욕구에서 출발한다

성공하는 사람들 대부분은 몇 가지 특징적인 모습을 보인다. 바로 노력하는 모습과 일에 대한 열정이 남다르다는 것이다. 그리고 그러한 모습이 나타나는 배경에는 인정받으려는 욕구가 강하다는 것이다. 결과적으로 인정받고 칭찬받고 싶은 인간의 기본적 욕구가 있기 때문에 그것에 매진하게 되는 것이다. 그래서 몰입도도 상당히 높아지게 된다.

이처럼 인간은 생활하면서 기본적으로 2가지 측면의 욕구가 생긴다고 한다. 한 가지는 안정과 생존을 위한 욕구이다. 안정된 생활을 유지하고 생존을 위해서 시급하게 일을 하는 것이다. 이것이 정착되면, 자신이 인정받고 싶은 욕구가 생긴다는 것이다. 성공하는 사람들 대부분은 안정과 생존의 욕구를 넘어서 인정받고 싶고 드러내고 싶은 욕구를 강하게 추구한다는 것이다.

직장 내에서도 몰입도가 상당히 높은 사람들은 이미 안정과 생존을 위한 단계를 벗어난 경우가 많다. 그것을 뛰어넘어 자신을 좀 더 성장시키고 남들에게 자신의 가치를 드러내고 싶은 욕망이 강한 단계인 것이다.

그리고 그들은 대부분 환경에 맞추어 자신의 능력을 발휘하지 못한 채 답답하게 직장생활을 하지는 않는다. 본인의 능력을 최대한 발휘할 수 있는 환경을 본인이 오히려 만들어 나간다.

강소기업은 몰입이 높다

몰입이 특별히 높은 기업들이 있다. 한국의 강소기업들이 몰입력이 높은 사례다. 그리고 혁신적 구조에서 몰입은 더욱 높게 나타난다.

대기업보다는 중견기업이나 중소기업에서 몰입은 더욱 높게 발전된다. 그렇다고 대기업이 몰입이 떨어진다는 것은 아니다. 단지, 몰입이라는 것은 본인이 주도적으로 일을 할 수 있는 환경이 중견기업 수준에서 더욱 높게 나타난다는 뜻이다.

혁신기업들의 경우에 특히 몰입이 높게 나타나는데 유통구조를 획기적으로 바꾼 기업들이 최근에 엄청난 속도로 성장을 하고 있다. 화장품 회사들의 경우 과거 총판형식의 대리점 형태에서 가격거품이 많았다. 하지만 지금은 중견 화장품 업체들이 직접 소매점 브랜드를 개설하여 직판을 하면서 가격거품을 제거하여 구매 고객들을 끌어들이는 전략이 효과를 보고 있다.

때론 우리는 몇몇 중견 내지는 중소기업들의 성장속도를 보고 놀라곤 한다. 알다시피, 잘 알려지지도 않은 기업이 성장력을 갖추고 제품력으로 승부한다는 것은 쉽지 않은 일이다. 특히, 한 기업이 성장하기 위해서는 여러 가지 제한점이 많으며, 특히 성장과 실패를 반복적으로 이루어진 측면에서 강한 내공이 있어야만 가능한 일이기 때문이다.

기업규모는 작지만 빠르게 성장하는 강소기업들을 주위에서 어렵지 않게 볼 수 있다. 이러한 기업들의 특징은 분명히 몰입하는 직원들이 있기 때문에 가능한 것이다. 직원들은 업무에 집중력이 강하며, 시간 가는 줄 모르는 몰입하기 때문에 성장력이 몇 배는 증가하게 되는 것이다.

몰입은 이처럼 무엇을 하고 있다는 가치를 느끼게 해주는 측면에서 직장인들에게 매우 필요한 부분이다. 한 방향의 방향성을 위한 몰입은 서로 다른 직무를 하고 있더라도 엄청난 집중력을 발휘하게 된다. 누구도 성공하지 못할 것이라는 기업도 단기간에 높은 성과가 올라가는 것도 이러한 몰입효과라고 볼 수 있다.

몰입효과는 직장인들도 가져야 할 강력한 무기이다. 몰입을 이해하고 몰입을 위해서 실천하게 된다면 엄청난 집중력으로 자기가 평소 생각하지 못한 일들을 해낼 수가 있다. 몰입은 저절로 생겨나는 것이 아닌 학습과 훈련을 통해서 능력은 배양되고 성과물을 창출할 수 있는 능력이 생기게 된다.

직장인들이 가지고 있는 몰입은 단순히 일을 빨리 처리하는 수준을 벗어나서 새로운 형태의 성과를 창출하는 것을 깨닫게 되었다. 무엇보다도 직장인들은 몰입을 하는 단계를 적용하여 현재 몰입의 수준을 파악하고 그 수준을 끌어올리는 노력이 선행되어야 한다. 진정한 몰입은 본인 스스로 터득하여 높은 수준의 몰입을 형성하는 단계를 밟아나가는 것이 필요하다.

CHAPTER 3
자기계발은 몰입을 통해 길러진다

몰입은 천재적인 능력이 아니며, 인간이면 누구에게나 몰입을 느끼고 경험할 수 있다. 어렸을 때 특정한 것에 관심을 많이 보여 왔지만 어른이 되어 관심도가 떨어졌다고 해서 재능을 파악하지 못하고 관심을 안 두었다고 생각하기 쉽지만, 몰입은 항상 변할 수가 있는 것이다. 그리고 몰입 자체가 천재성은 아니기 때문에 특정한 것에 인간은 누구나 관심을 두고 몰입을 하게 된다.

자기계발도 몰입을 통해서 길러질 수 있으며, 몰입하는 수준에 따라서 자기계발의 성과가 달라진다. 직장인들 중에는 자기계발을 하기 위해서 도대체 무엇을 어떻게 해야 할지 막막하게 느끼는 경우가 많다. 어학공부를 할 것인가, 자격증을 취득할 것인가, 업무능력을 배양하기 위한 교육을 수강할 것인가 등등 여러 가지 자기계발의 종류가 있다. 하지만 자기계발은 본인이 가지고 있는 능력을 최대한 확대하고 전문성을 함양하는 데 목적이 있다. 한 가지를 하더라도 몰입된 방향으로 해야만 성과도 극대화 할 수 있다.

몰입을 위해서는 가장 첫 번째 현재 상황을 파악하는 것이 중요하다. 내가 지금 무엇을 해야 되고 왜 이곳에서 일을 하고 있는지를 파악하는 것이다. 특히 우리 직장인들의 경우 직장생활을 하면서도 관심분야에 대해서 생각해보지 못하고 어떻게 자기계발을 할 것인가 구체적으로 실행에 옮기지 못하는 것을 많이 보게 된다.

영어 학원을 기필코 다니겠다는 각오를 하지만 며칠 안 돼서 학원비만 날리는 현상을 쉽게 볼 수 있다. 그것은 내가 처해 있는 환경적 부분을 극단적으로 인식하지 못하는 현상과 공부를 하는 방법적 문제가 있을 것이다. 하지만, 늘 관심 있고 왜 이것이 해결되지 않는 것인가를 느끼고 알게 되면 보다 쉽게 해결점을 찾게 된다. 직장인들의 체감정년이 점차적으로 낮아지고 있다. 위기를 느끼는 것인지에 대해서 먼저 파악해보아야 한다. 그리고 그 위기를 위한 돌파구를 어떻게 해결해야 할 것인가를 몰입적 상태에서 파악해야 한다.

두 번째는 높은 목표수준을 세우고 그것을 달성하기 위해서 항상 생각하는 습관을 가지는 것이다. 몰입은 반드시 내가 좋아하는 것에만 해당되지는 않는다. 내가 싫더라도 어떠한 관심과 목표점을 갖는가에 따라서 몰입의 성과는 달라진다. 계속 생각을 유지하다보면 관심을 가지게 된다. 그런 생각들이 모아지게 되면 목표수준이 높더라도 그것을 뛰어넘는 성과에 도달하게 되는 경험을 할 수가 있다. 본인도 모르는 사이에 그것을 해결하는 방법론들이 쌓여지게 된다. 수없이 고민하고 생각하다보면 해결방법들이 보다 쉽게 파악되고 어려웠던 문제들을 마치 정답을 아는 것처럼 쉽게 풀 수 있는 것이다.

CHAPTER 4

몰입을 위한 3가지를 정하라

직장생활을 하면서 그렇다면 어떤 부분에 몰입하는 것이 효과적인가? 가장 중요한 것은 3가지 균형을 잡는 것이 중요하다. 바로 돈, 학습, 비전이다. 현실적인 부분이지만 이 3가지가 균형 있게 잡히지 못하면 자기계발은 쉽게 이어가기 어렵다. 하지만, 이 3가지를 위한 미래 몰입에 직장생활을 투자한다면 남들보다 훨씬 앞선 직장생활을 경험할 수 있다. 반면에 이 3가지 측면이 평균이하로 떨어지면 자기계발을 할 수도 하고 싶은 마음도, 여력도 되지 않는다.

첫째, 돈은 일정수준에서 몰입해야만 벌어들일 수 있다. 돈을 잘 관리하고 쓰는 비용에 대해서 명확히 파악하여 효과적으로 운영해야 한다. 젊어서 저축이 쉽지만 나이가 한두 살 먹게 되면 저축은 정말 어려워진다. 돈에 몰입하는 방법은 집중력 있게 짧은 기간 동안 저축을 통해서 일정 수준의 금액을 모으는 방법이 가장 효과적이다. 이때 저축통장에 무조건 먼저 저축하고 후지출하는 마인드를 가져야 한다.

목돈이 마련되게 되면 투자의 가치가 높은 부분에 조금씩 투자를 해나가는 지혜가 필요하다.

내가 아는 선배는 돈에는 전혀 관심이 없고 오로지 본인의 자기계발을 위해서 학습과 경력관리만 주력하는 스타일이었다. 결과적으로 돈을 모아놓지 않았기 때문에 40대 이후에 아이들이 커나가면서 어려움에 처한 것을 보았다.

돈에 몰입하는 것이 어찌 보면 어렵다고들 하겠지만 3년을 목표로 두고 목표한 금액을 달성할 때까지 노력하는 것이 중요하다. 직장생활을 하면서 돈을 모은다는 것은 쉬운 일은 아니지만 목표한 금액을 계획하게 되면 낭비되는 돈은 줄게 되어 향후 큰 버팀목이 될 수 있다. 당장 즐기기 위해서 돈을 써버린다면 5년 뒤 10년 뒤에는 더 큰일을 하게 될 때 기회를 얻지 못할 수도 있다. 돈을 어떻게 효과적으로 관리하는가에 따라서 돈을 모을 수도 써 버릴 수도 있는 것이다.

요즘 직장인들 사이에서 돈을 모으기 위한 재테크 열풍이 거세다. 하지만 주식에 대해서는 특별히 권하고 싶은 생각이 없다. 주식은 많은 공부를 요하고 시간투자가 적지 않게 들어간다. 자신에게 적합한 상품이나 투자를 고려하기 위해서 재테크 전문 상담을 받아보는 것도 좋을 것이다. 현재 자신의 수입에서 무리한 부분이 무엇인지 등 전문가를 통하여 꼼꼼히 파악해 보는 지혜도 필요하다.

중요한 것은 즐기는 데 너무 많은 돈을 쓰지 말고 계획적인 지출을 통해서 낭비되는 자금을 줄이는 노력이 필요하다. 그리고 몰입하여 3년씩 단기로 저축하는 목표를 정하고 달성하는 습관을 들이는 것이 중요하다.

둘째는 자기만의 학습이다. 학습은 가장 중요한 자기계발의 수단이
다. 학습을 게을리 한다면 이미 직장생활을 포기한 것과 마찬가지이
다. 직장생활에서의 업무지식은 제한적일 수밖에 없다. 업무의 역량을
높이기 위해서는 당연히 학습과 훈련이 필요한 것이다. 어떤 사람들
은 굳이 업무지식 이외에 교육을 받을 필요가 있냐고 반문한다. 하지
만, 모르는 사람들이 용감하다고 지식은 끊임없는 혁신성을 발휘한다.

지식이 부족한 사람들은 틀 안에서 제한된 이야기들밖에는 하지
않는다. 반면에 지식이 있는 사람들은 배려심이 상당히 높다. 왜냐하
면 업무지식 뿐만 아니라 내가 모르는 사실이 많다는 것을 알기 때
문이다.

대개 지식이 풍부한 사람들은 혁신성이 높다. 그리고 경험하지 않
은 것에 대해서 늘 두려워하지 않는다. 지식은 본인의 역량을 높이는
기준이 되며, 노력하는 과정에서 새로운 깨달음을 얻게 된다. 학습을
위해서는 무엇보다 동기부여가 가장 중요하며, 스스로 학습하는 습관
을 길들여야 한다. 그리고 뚜렷한 목표를 정하는 것이 필요하다. 내가
학습하고자 하는 목표는 어디까지이며 어떻게 하겠다는 구체적인 계
획이 수립되어야 한다.

셋째는 나의 비전을 반드시 정하라는 것이다. 직장생활을 하고 있지
만 시간이 지나면서 한계를 많이 느끼게 된다. 이미 지금의 현상은 미
래의 현상과도 같다. 내가 가지고 가야 될 비전은 과연 무엇인가를 명
확히 정하는 것이 중요하다. 당신은 끝까지 직장생활을 할 계획인가?
그것이 비전이라면 그에 맞는 준비를 해야 되는 것이고 그것이 아니라

면 어떤 준비를 해야만 한다. 적어도 비전이라는 것은 내가 무엇인가를 준비 해나가고 있는 것을 느끼는 활동이기 때문이다.

나에게는 비전이 없다고 생각한다면 곰곰이 비전을 정리하기를 바란다. 왜 비전이 없겠는가? 고민을 하지 않기 때문이다. 자식을 위해서 어떤 계획을 세우는지, 나의 직장생활 정년은 언제 찾아올 것인지? 직장 이후의 생활을 위해서 무엇을 준비해야 되는지? 등등의 목표점을 지금 처해진 환경 분석을 통해서 수립하는 과정이 필요하다.

비전이 있는 것과 없는 것은 하늘과 땅 차이다. 비전이 있는 사람은 비전을 위해서 항상 노력하기 때문이다. 무엇을 하든지 그것을 달성하기 위해서 준비하는 시간이 있다는 뜻이다. 만약, 비전이 없다면 지금 당장 자신의 비전을 만들고 구체적인 실행 계획을 마련하라고 권하고 싶다.

이 3가지 측면을 돌이켜보면 내가 어떤 방향으로 직장생활을 해야 될지를 정확히 알게 된다. 그리고 3가지 수준을 반드시 평균 이하로 관리하지 않고 항상 일정수준의 목표를 수립하고 채워나가는 것이 중요하다. 직장생활에서도 돈, 학습, 비전으로 나누어서 몰입하게 되면 자신이 어느 정도 성장해 있다는 것을 향후 깨닫게 될 것이다. 그리고 나의 길에 대해서 분명한 목표점을 정하기 때문에 몰입의 효과가 증가하게 된다.

직장생활을 하는 중에 아무런 느낌이 없이 생활하더라도 이 3가지를 인식하고 있으면 TV를 보든, 여행을 가든, 업무를 하든 관심을 두게 된다. 만약, 지금도 아무런 느낌이 없다면 당신은 이미 평균 이하의 너무 낮은 수준으로 일 해왔을 가능성이 크다. 다시 본인의 경쟁력을 높이기 위한 노력에 경주해야 하며, 자신을 파악하여 몰입의 성과를 극대화하기 위한 노력을 게을리 하지 않기를 바란다.

투입의 효과를 극대화하라

인간에게는 기본적으로 2가지 정해진 법칙이 있다. 한 가지는 나이를 먹으면 죽는다는 사실과 다른 한 가지는 죄를 범하면 죄 값을 치른다는 사실이다. 그리고 죽음 앞에는 누구든지 평등하다는 진리이다. 물론 돈에 의해서 죽음을 다소 연장할 수도 있겠지만 모든 인간은 아무리 오래 산다고 해도 90세 내외로 죽음을 맞이하게 된다.

이런 나이 계산을 하게 되면 왠지 인생이란 것이 별것도 아닌데 스트레스에 얽매이고 작은 것에 고집부리는 것이 바보처럼 느껴질 때가 가끔 있다. 우리는 한두 살 나이를 먹으면서 느껴지는 느낌이 다를 때가 있다. 상갓집에 갔다 온 뒤 보통은 직장인들이 그런 느낌을 가지곤 한다.

남의 일이 아니라, 인생이란 너무도 빨리 시간이 지나가는 것을 깨달아야 한다. 그리고 그 시간을 흥청망청 아무런 의미 없이 보낸다면 이보다 더 안타까운 사람은 없을 것이다.

대개는 평균수명이 80세 정도라고 볼 때 왕성한 사회활동을 하는 나이는 30세~50세까지로 볼 수 있다.

요즘은 사실, 20년 정도 직장생활을 하기도 어려운 시대이다. 그렇다면, 20년의 시간을 위해서 어떻게 시간을 보내는 것이 현명한 것일까? 고민을 해 볼 필요가 있다. 정해진 기간이 20년이라고 가정한다면, 20년간 직장생활을 통해 얻을 수 있는 가치는 얼마나 될까?

우리는 제조업체들이 제품을 만들 때 수율이라는 것을 따진다. 대개는 원재료를 100% 투입했는데 사용하지 못하는 것을 버리고 90%를 넘게 제품에 사용되는 원재료가 나온다면 좋은 편이다. 만약, 100%의 원료를 투입했는데 이것 빼고 저것 빼면 사용할 수 있는 수율이 적게는 70% 많게는 90%까지 넘나드는 부분도 많다. 하지만 두부를 만드는 콩의 수율은 400%가 넘는다. 신기한 일이 아닌가? 콩은 제품을 만들기 위해서 100%를 투입하면 400%가 넘는 생산수율이 나온다.

우리의 직장생활도 마찬가지로 20년의 직장생활 기간이지만 투입하는 내용물에 따라서 그것이 40년의 가치가 될 수도 있고, 10년, 5년의 낮은 수율의 가치가 나타날 수도 있는 것이다.

중요한 것은 20년 동안 40년이 넘는 직장생활의 가치를 얻는 방법을 생각해야 된다. 죽은 사람처럼 죽은 조직에서 직장생활을 연명하듯 정년을 채운다는 생각으로 보내는 것은 20년의 직장을 다녔어도 1~2년의 낮은 수율의 결과를 보는 것과 다름없다. 정년을 채웠다는 희열밖에 더 이상 무엇이 있을까? 하지만 단 몇 년의 기간이라도 그 안에서 엄청난 열정과 투입한 자원을 넣어 새로운 가치가 만들어지는 경험을 했다면 단 5년의 직장생활을 했더라도 그 수율은 10년, 20년의 결과물을 창출하여 인생의 80년 동안 더 큰 가치를 얻은 것으로 볼 수 있다.

결과적으로 10년의 직장생활을 앞으로 목표를 정하고 300%의 수율을 위해서 노력한다면 정년을 뛰어넘는 직장생활을 한 것임을 잊지 말아야 한다. 눈에 보이는 정년은 우리에게 아무 의미가 없기 때문이다.

인생 동안에 정해져 있다는 직장생활의 기간을 우리는 아무 의미 없이 시간을 보내서는 절대 안 되는 것이다. 수율 400%의 콩처럼 몰입하면 단 10년의 직장생활을 하더라도 40년의 직장생활과 같은 결과물을 얻을 수 있는 것이다.

직무에 대해서도 여러 가지 경험을 하는 것이 중요하다. 한 곳에만 장기간 있는 것은 전문성에 도움은 되지만 본인이 다양하게 활동하고 경험하는 수준은 보다 폭넓은 지식을 습득할 수 있기 때문이다. 그리고 같은 업무를 반복적으로 수행하기보다는 다양한 직무경험을 통해서 생산성 있는 성과를 달성하는 도전도 해보는 것이 중요하다.

직장생활 중요 포인트

구분	지금까지 직장생활 기간	앞으로 직장생활 기간	총 직장생활 기간	나의 은퇴 나이	생 마감 나이
지금의 모습	10년	15년	25년	55살	80살

질문

1. 은퇴를 55세에 한다면 노후자금은 충분한가?

2. 앞으로 15년 남은 직장생활에 당신은 무엇을 준비하고 있는가?

3. 앞으로 남은 15년을 채울 수 있는가? 정년이 보장되는가?

4. 은퇴할 나이 자식들은 학생인데 자금마련은 계획되어 있는가?

PART 8

긍정의 마음을 가져라

CHAPTER 1

긍정적 확률을 높여라

우리 주위에는 때때로 생각하지도 못한 놀랄 만한 일들이 벌어지곤 한다. 어떤 경우는 정말 뜻하지 않게 운이 좋아서 행복감을 느끼는 경우도 있고 어떤 경우에는 정말 재수가 없다고 느낄만한 안 좋은 일도 경험하게 된다. 하지만, 인생을 살면서 경험하게 되는 다양한 일들은 어찌 보면 일어날 수밖에 없는 일들이 많을 것이다.

이미 우리가 사는 인생동안 벌어질 일들은 확률적으로 정해져 있다고 가정해 보자. 그렇다면, 인생을 살아가면서 수없이 많은 일들이 나타날 것이다. 즐거운 일, 안 좋은 일, 기억하고 싶은 일, 기억하고 싶지 않은 일 등등 다양한 경험이 나타날 것이다.

확률은 내가 어떤 일을 할 때 예측을 할 수 있는 조언자 역할을 하게 된다. 확률은 우리가 무심코 지나치면서 인지하지 못하는 부분도 많다. 지하철에서 사람이 많아서 앉을 자리가 없다고 생각하지만 조금만 지나고 몇 개의 역을 지나치게 되면 비는 자리가 생긴다. 즉, 사람이 내리는 확률이 있기 때문이다.

회사에서도 매년 퇴사인원이 비슷한 수준으로 유지되는 것은 퇴사하는 확률이 존재하기 때문이다. 단지, 그 숫자의 범위가 얼마나 큰 것인가 작은 것인가의 문제이지 아무리 잘 대해준다고 해도 직원들이 전혀 나가지 않는 법은 없다. 결과적으로 일에 대해서 어느 정도 확률을 가지고 접근하게 되면 마음의 여유가 생길 것이다.

하지만 확률은 노력에 따라서 올릴 수도 있고 낮출 수도 있다. 현재 내가 하는 업무나 일에 대해서 확률을 생각해 보자. 긍정적 확률은 높이고 부정적 확률은 낮추는 생각의 전환이 필요하다.

중요한 것은 인생을 살면서 나오는 우리가 경험하는 행동은 노력여하에 따라서 줄일 수도 있고 더 많이 나타나게 할 수도 있다. 결국, 확률은 얼마든지 본인의 노력한 만큼 원하는 확률을 높일 수도 있고 낮출 수도 있는 것이다.

사람이 암에 걸릴 수 있는 확률이 정해져 있다. 그렇다면 암 발생을 최소화 할 수 있는 노력을 한다면 확률적으로 자신에게는 암을 예방할 수 있는 기회가 생긴다. 술과 담배를 최소화한다면 암에 걸릴 수 있는 확률을 줄일 수 있다.

하지만, 술과 담배에 대해서 무감각하거나, 암 발생을 높이는 행동 등을 한다면 다른 사람들보다 암 발생 확률이 높을 것이다. 이처럼 확률도 자신이 어떻게 하느냐에 따라서 줄이고 높아지고 하는 것이다.

결과적으로 지금까지 당신이 살아온 인생을 돌이켜보고 살펴보면 일정한 원인이 있을 것이다. 부정적 행동을 줄이고 긍정적 행동으로 변화하도록 노력한다면 지금까지 부정적이었던 행동의 확률은 감소할 수 있다.

중요한 것은 내가 성과를 올릴 수 있는 확률은 높이고, 내가 잘못한 측면의 확률은 낮추는 노력이 필요하다. 무심코 지나치기 쉬운 일들을 반복적으로 이루어지는 것을 느끼지 못하고 생활할 때가 많다.

내가 하고 있는 일처리 방식에서 성과를 올리는 업무를 리스트별로 정리하여 핵심적인 업무에 성과확률을 구하는 것이 중요하다. 내가 처리하는 일이 업무성과에서 높은 점수를 받는 것은 어떤 측면의 업무가 많은지를 파악하여 그 핵심요인을 반복적으로 수행하는 것이다. 또한, 낮은 성과를 올리는 일에 대해서는 과감하게 버릴 수 있는 방법을 택하여 확률을 낮춰야 한다.

불필요하게 진행하는 업무나 성과가 낮은데 시간소비를 많이 하는 일 등에 대해서 확률적인 부분을 제거해 주는 것이 필요하다. 가령, 불필요한 회의 및 보고의 경우 도움이 안 되는 회의의 숫자를 줄여서 낮추고, 성과지향적인 업무관련 미팅은 늘려서 효과적인 확률을 만드는 것이 중요하다.

그리고 나는 과연 불필요한 사람들을 만나고 있지 않은가? 도움이 되는 사람을 만나고 있는가? 같은 질문을 자주 접해야 된다. 술값 지출이 많은 원인은 여러 가지 측면에서 원인을 파악해보자.

상사와의 인간관계에서 긍정적 확률은 보고를 빨리하고, 좀 더 적극적 모습을 보여주고, 목표한 바를 수행하는 노력을 보여주게 되면 인간관계에서 확률은 높아진다. 하지만 마이너스 확률은 출근을 늦게 하고, 보고기일을 어기고, 대화 시간이 짧으면 마이너스 확률이 높아진다. 이와 같이 성공가능성의 확률은 일정한 범위 안에서 작은 부분의 행위를 제거하고 긍정적 확률을 높이는 노력으로 확률은 조금씩 증가될 것이다.

반복되는 스트레스는 원인을 찾아서 그 확률을 낮춰줘야 한다. 특히 스트레스는 일정한 주기로 반복되기 마련이다. 사람 때문에 스트레스인 경우 더더욱 플러스와 마이너스의 확률행동을 파악하여 어느 부분에 확률을 높이는 것이 긍정적인지 파악해보는 것이 필요하다.

또한, 상사가 맘에 들지 않는다면 행동에서 상사의 마이너스 확률이 높아져 점점 강도가 심해질 것이다. 이런 마이너스 확률이 30%에서 점점 높아져 70%대로 높아진다면, 적극적인 확률을 떨어뜨리려는 노력이 필요하다. 이처럼 확률적 계산을 통해서 보다 성공적인 직장생활에 가깝도록 노력하는 자세가 중요하다.

CHAPTER 2

상황을 예측하고 준비하여 일하라

미래를 준비하는 사람과 그렇지 못한 사람과는 행동하는 스타일에서 많은 차이가 난다. 미래를 준비하는 사람은 시간낭비가 없고 철저한 자기관리를 습관화하는 사람들이다. 성공한 CEO들은 대부분 오래전부터 비전을 품고 노력해 온 인물들이다.

이런 CEO들은 항상 준비하는 과정에서 명확한 비전을 가지고 있기 때문에 제한된 한계를 뛰어넘을 수가 있는 것이다. 또한 성공한 CEO들은 자기 처세술로 위기를 성공으로 대처한 달인들이다. 처세술 중에는 상황을 예측하고 준비하는 것만큼 뛰어난 것도 없다.

우리의 일상생활도 따지고 보면 90% 이상이 예측 가능한 행동이다. 이것을 미리 사전에 무엇을 말하고, 설명하고 행동할 것인가를 예측하는 것은 남들보다 더 뛰어난 업무성과를 도출할 수 있다.

그렇다면, 예측 가능한 상황을 묘사하고 적절한 대안을 마련하는 훈련이 필요하다. 시나리오 경영이라는 표현을 우리는 많이 하게 된다. 시나리오는 예측 가능한 수준에서 미리 계획된 바대로 실행하여 위기상황에 처했을 때 적절하게 대응하는 전략을 뜻한다. 마찬가지로 우리의 직장생활도 위기상황에 얼마나 적절하게 대응하는가에 따라서 결과가 달라진다.

예측 가능한 상황을 미리 파악하고 이럴 경우 어떻게 대처할 것인가를 미리 계획을 짜두는 것이 좋다.

상황을 미리 대처하는 능력은 상황 전개를 위한 구상을 끊임없이 진행하는 것이 좋다. 앞으로 벌어질 상황을 노트에 적어가면서 어떤 상황이 될 것인가를 상황별로 대응 방안을 마련하듯이 준비해 나가는 것이다.

이렇게 상황을 예측하고 구상하는 것은 업무를 주도해 나갈 수 있는 길이 생기게 된다. 가령, 회의시간이나 중대한 사람을 만날 때도 아무 생각 없이 만나는 것보다 무슨 말을 하고 어떤 스케줄대로 만날 것인가를 적극적으로 준비해 만난다면 스토리에 대해서 주도할 수 있는 측면이 강하게 나타날 수 있다.

한 가지 상황에서 몇 가지의 예측 가능한 행동을 미리 스케치해보면 비슷한 상황에서 위기를 슬기롭게 대처할 수 있으며, 행동에 있어서도 주도권을 가질 수 있다.

아무 생각 없이 사람을 대하지 말고 어떤 것을 얻고, 미리 상황을 스케치해 나가서 대한다면 확실히 틀리다는 것을 인식하게 될 것이다. 특히, 윗사람을 상대할 때는 생각의 깊이를 더하고 미리 상황을 대처할 수 있는 예측을 하여 보다 완벽한 업무진행을 통해서 성공적인 성과를 올릴 수 있을 것이다.

이런 측면에서 작은 것이라도 준비하는 습관을 항상 가져야 한다.

준비하는 것은 누구에게도 뒤지지 않는 무기를 갖는 것과 마찬가지다. 기존에 가지고 있는 지식을 우리는 경험에 의해서 무시해버리는 측면이 강하다. 과거에 해봤거나 안다고 생각하기 때문에 준비하지 않는 모습을 많이 볼 수 있다.

그러나 작은 것이라도 준비하는 습관은 지식을 새롭게 얻을 수 있으며 축척된 노하우로 인해서 성과창출을 극대화 할 수 있다. 상황을 예측하고 항상 준비하는 자세는 전략적 사고를 높이게 되어 위기를 기회로 바꾸기 때문에 남들보다 더 빠른 성공의 길로 갈 수가 있다.

상황을 예측하기 위해서는 반드시 3가지 상황을 예측하는 시나리오를 작성하기를 권하고 싶다. 작은 부분이라도 3가지 예측에서 다양한 결과가 도출하기 마련이다. 하지만, 3가지 상황을 예측하는 시나리오를 염두에 두면 90%의 일상생활이 예측이 가능하게 된다.

그리고, 차선의 대안을 항상 염두에 두기 때문에 그만큼 전략적으로 승부사의 기질을 얻을 수가 있다. 지금 즉시 최소한 3가지의 대안을 두고 상대방과 이야기 해보기를 권하고 싶다. 아무런 준비가 없는 상황에서는 얻을 수 있는 기회가 줄어들게 된다. 이런 점을 인식하여 항상 3가지 대안을 고려하여 의사결정하기를 권하고 싶다.

CHAPTER 3

믿음을 주는 직장생활을 해라

처음 맞이하는 업무, 사람, 시스템 등 여러 가지 조건 등에 우리는 과거의 생활태도와 의식에 많은 부분 좌우하게 된다. 그리고 비교하게 된다. 잘못된 점 등을 나열하게 되면서 우리는 본의 아니게 남들에게 오해를 사거나 불평불만이 많은 사람으로 낙인찍히게 될 수도 있다. 하지만 이런 점은 기존에 있던 사람들은 이미 적응이 되어 있기 때문에 문제점이나 개선점에 대해서 피부로 많이 느끼지 못하는 문제이다. 하지만 새로운 사람은 그러한 문제점이 새롭게 눈에 보이게 된다.

문제는 너무 초반부터 문제를 늘어놓게 되면 신뢰성이 떨어지기 때문에 문제점을 불평불만으로 오해하게 된다. 결국 문제점을 보이게 된다고 하더라도 스스로 성실성을 먼저 보인 후에 문제점을 해결하는 대안을 중심으로 설명하는 것이 성공적인 직장생활이 될 것이다.

누구도 처음부터 신뢰를 주지는 않기 때문이다. 그것이 꼭 오래 근무하였다고 하여 신뢰가 쌓아지는 것이 아니라 성실은 남들에게서 이해되는 수준에서 결정하게 된다. 그 후에 본인이 주도적으로 문제점을 해결하는 이슈와 대안을 마련하고 접근하게 되면 그 누구도 문제점을 불평으로 간주하지 않을 것이다.

처음 직장생활을 시작할 때 많은 선배들, 처음 하는 일에 대한 두려움 여러 가지로 힘든 환경이었다. 또한 여러 사람들과 경쟁을 해야 되는 관계에서는 더욱더 위축감이 들고 실수라는 것이 용납되지 않는 조직문화라면 더욱더 힘들 것이다.

하지만 이 상황에서 팀장이라면 어떤 역할을 해야 할까? 신입사원이 어려워하는 측면을 살펴보고 이해를 시키고 자신감을 주는 것이 중요할 것이다.

정말로 어려운 것은 자신과의 싸움이다. 새로운 환경에서 익숙하지 않은 환경을 접하게 되면 모든 것이 낯설고 힘들 것이다. 하지만 리더의 역할은 이런 어려운 점에 동기를 얼마나 부여해 주는가에 따라서 리더의 자질이 나타나게 된다. 리더라는 것은 추종하고 싶은 마음이 드는 태도라고 볼 수 있다. 따르고 싶은 마음이 저절로 들기 위해서는 정말로 신뢰가 생명일 것이다.

CHAPTER
4

시간이 지나면 해결될 일들이다

스트레스를 받지 않는 직장인은 없다. 하지만 스트레스의 원인을 찾아보면 단순한 것들이 많다. 일반적으로 작은 것들이 모여져서 큰 스트레스를 형성하고 있다.

이런 것들은 시간이 지나가면 모든 것들이 해결되는 것들이니 너무 걱정할 필요는 없다. 인상을 쓰면서 일해 봤자 자기건강만 좋지 않을 뿐 더 좋아지는 게 있을까?

일의 성과라는 것은 스트레스를 받아가면서 하기 마련이다. 너무 큰 스트레스로 인해서 본인이 감당이 되지 않을 때가 문제이다. 이 럴 경우에는 심각한 문제가 나타나게 된다. 평소 행동하고는 다른 성격으로 변하고, 사람관계가 짜증스럽고, 일도 능률이 없게 된다. 초조한 마음이 깊어지면서 술과 담배는 늘어나게 되고 건강만 해치 게 된다.

회사생활을 하면서 부장급들도 직무를 맡아서 하는 사례가 증가 되고 있다. 과거처럼 팀장이라고 도장만 찍던 시대는 지나갔다. 일을 직접 실무적으로 맡아서 해결하는 젊은 부장급들이 늘어나게 되면서 업무능력이 뒤처지는 부장급들의 경우 스트레스가 무엇보다 심하다.

회사는 경쟁의 연속이고, 그 경쟁 속에서 어떻게 하면 살아남을 것인가를 고민하게 된다. 회사는 사실, 나부터 살고자 하는 욕심이 나올 수밖에 없는 구조이다. 아무리 친한 사이라도 내가 당장 죽겠으면 남을 생각할 겨를이 없게 된다. 그래서 경쟁관계에서는 예외가 있을 수 없다. 자선단체나 비영리 집단이면 모르지만, 성과를 도출하지 못하면 그날로 퇴보 아닌, 퇴출의 위기를 맞이하는 부장급의 스트레스는 말로 표현이 되지 않는다.

하지만, 모든 일들이 그렇지만 시간이 지나면 90% 이상은 해결될 일들이다. 그 당시는 미치겠고, 용납이 안 되고, 어려움에 있더라도 시간이 지나서 돌이켜보면 언제 그랬는지, 추억 속에 자리 잡게 된다.

사람의 관계도 마찬가지이다. 정말 얼굴도 보기 싫을 정도로 미운 사람이 있더라도 시간이 지나면 용서가 되고 이해하게 된다. 너무 조급한 마음에 일을 그르치지는 않는 것이 더욱 실리를 챙기는 것이다. 가급적 싫은 표현보다는 내색하지 않는 것이 좋으며, 정말로 싫은 부분이 있다면 사람을 피하는 것이 오히려 전략이다.

스트레스는 풀지 않으면 독이 된다. 직장생활을 하면서 스트레스를 효과적으로 푸는 노하우를 배우기를 권한다. 운동으로 해결하는 것도 좋은 습관이며, 술과 담배로 자신의 건강을 해치는 일은 줄이는 것이 중요하다. 스트레스를 즐기라는 표현처럼 우리의 스트레스는 시간이 해결해 주는 것들이다. 작은 불편함을 감수하게 되면 모두 추억이 되는 것들이다.

당장은 여유가 없고 이해가 안 되는 것들이 몇 년 후 지나고 보면 언제 그랬냐는 듯이 조용하다. 사람의 뇌는 자극을 크게 받지 않는 이상 무감각하게 변하게 된다. 너무 많은 스트레스로 건강을 해치는 일은 삼가기를 권하고 싶다.

CHAPTER 5

계획적인 오늘의 목표를 세워라

계획은 내가 무엇을 할 것인가를 알려주는 지침서이다. 하루 24시간은 결코 짧은 시간이 아니다. 계획에도 순서가 있다. 먼저, 크게는 한 해 동안에 무엇을 할 것인가의 목표점을 정해야 한다. 그 다음 달 계획을 세워서 이번 달의 최고 목표는 무엇인지를 정하고, 그 다음 주간계획, 일 계획으로 이어지도록 하는 습관을 가지는 것이 중요하다.

계획적으로 일을 추진하는 사람들은 시간의 중요성을 크게 인식한다. 또한 목표한 것을 이루기 위한 스케줄 표를 만들어 운영한다. 당연히 하루 24시간을 활동해도 부족한 경우가 많다. 바쁘다는 것은 목표를 이루기 위해서 다양한 노력을 한다는 뜻이다. 하지만 목표라는 것도 막연하게 바쁘게만 활동해서는 성과가 나타나기 어렵다.

흔히 목표라고 하면 업무목표만을 생각하겠지만 자신의 하루일과에 대한 일일 목표를 세우기를 바란다. 일일 목표 계획은 자신이 오늘 하루 동안에 무엇을 목표로 일하겠다는 목표이다. 일일 목표를 세우고 하루를 점검하는 것은 자신이 그만큼 발전하고 있다는 것을 깨달아 준다.

그러나 무계획적인 사람들의 특징은 시간개념이 별로 없다. 이 경우 목표가 별로 없기 때문이다. 하지만 일일 목표를 세워두고 자신의 목표가 달성되었는지 살펴보게 되면 자신의 가치를 새롭게 느끼게 된다. 시간은 인식하는 사람들에게 있어서 가치 있게 제공받는 것이다. 시간의 흐름을 인식한다는 것은 그만큼 자기 자신이 발전하고 능동적으로 활동하고 있다는 뜻이다. 시간을 느끼고 자신의 시간으로 만들기 위해서 일일 목표로 성취감 있는 하루를 시작하기 바란다.

항상 일은 작은 계획과 목표가 정해지면서 달성하기 위해 노력하게 된다. 결과적으로 이런 목표점이 있으면 하루가 몇 시간처럼 금방 지나가게 된다. 많은 목표를 어떻게 실현할 것인지 하루하루 목표를 달성하기 위해서 노력하기 때문에 하루를 보내더라도 알차게 보낼 수가 있다.

필자는 주로 2개월 단위로 할 일에 대한 목표를 정하고 그에 맞는 주간계획을 수립한다. 그리고 일일 목표를 세운다. 주간 단위의 목표점은 관리도 용이하고 하루의 생활도 그냥 지나치지 않도록 조정하기 때문에 인지하기도 쉽다.

반드시, 월 목표를 세우고 그에 맞는 주간목표, 일일 목표를 세우는 습관을 길들이기를 권하고 싶다. 이번 달에는 무엇이 목표인데 그것을 주단위로 나누는 관리가 중요하다는 뜻이다. 그렇게 한다면, 그 목표에 맞춰서 항상 하루를 생각하게 되고, 그것에 다가가기 위해서 항상 머릿속에 염두에 두기 마련이기 때문이다.

CHAPTER 6

기억하는 것보다
메모하는 습관을 들여라

초등학교 시절 방학숙제로 매번 내준 일기장을 가끔 들여다보면 늘 새로운 것을 느낀다. 미처 기억하지 못한 것들이 새록새록 생각나게 되어 읽는 동안 즐거움이 더해진다.

나는 성인이 되어서도 일기는 아니지만 무슨 일이 있었는지 간단하게 메모하는 습관이 있다. 과거 메모지를 들쳐보면 그 당시 상황이 금방 머릿속에 생각이 나곤 한다. 하루의 일과를 기록하는 습관은 향후에 본인이 힘들 때마다 한 번씩 보게 될 때 많은 용기를 얻을 수 있다.

기록하는 습관은 매우 긍정적인 가치를 가진다. 특히, 일기 같은 경우는 하루를 돌아볼 수 있는 기회를 가진다는 것에서 내일을 위한 새로운 목표를 설정할 수가 있기 때문에 중요한 도구가 된다.

인간의 뇌는 모든 것을 기억하기는 어렵다. 하지만 한 달 전, 1년 전의 것을 기억하게 만드는 것은 바로 메모하는 습관이다. 과거의 일이 그리 중요하지 않다고 생각할지 모르지만, 우리가 기억하지 못하는 과거에 많은 일들을 경험했고, 그것들을 새롭게 느낀다면 보다 긍정적인 나로 변화시킬 수가 있다.

인생도 굴곡이 있듯이 회사생활도 굴곡이 있게 마련이다. 어려운 일이 있으면 즐거운 일도 있고 이런 측면에서 어렵고 힘든 상황에 직면했을 때 어떻게 하면 슬기롭게 대처할까라는 고민을 우리는 일기를 통해서 내가 지내온 과거를 돌이켜보면 답을 얻을 수가 있다.

일기가 어렵다면 시간 날 때마다 메모하는 습관을 권유하고 싶다. 특별한 것을 적지 않더라도 그날 있던 상황을 한줄 정도로 요약해서 적으면 훌륭한 일기가 된다.

또한, 작은 것도 소홀히 지나치지 않기 위해서는 항상 메모하는 습관을 가지는 것이 좋다. 문득 떠오른 창의적 아이디어를 메모장에 메모를 해두면 다음에 활용할 수 있는 가치가 된다. 머릿속에 기억을 하고 있으면 금방 잊어버리기 때문에 기억하는 습관보다는 메모하는 습관이 더욱 중요하다.

그리고 그렇게 메모된 아이디어를 항상 기록하고, 저장해두는 습관을 가지는 것이 중요하다. 창의력도 중요하지만, 창의력을 얼마만큼 활용 가능하도록 저장하는 것이 더 중요하다.

PART 9

주도적인
직장생활을 해라

CHAPTER 1

사내정치는 자기 하기 나름이다

사내정치를 어떻게 바라봐야 하는지 참으로 어려운 문제이다. 정치적 세력은 어느 조직에나 있기 마련이다. 회사라고 그러한 조직이 없을 리 없다. 오히려 더욱 강하게 사내정치 세력들이 자리 잡고 있다면 빠져나오기가 쉽지가 않다. 또한 그들의 입김에 의해서 조직이 좌지우지 되는 것을 보면 중요하게 생각하지 않을 수도 없는 것이다.

하지만 사내정치를 꼭 나쁘게 볼 수는 없다. 정상적인 범위 안에서 일정한 선을 지켜나간다면 조직생활을 영위하는 데 필요한 부분이다. 하지만 도를 넘는 사내정치는 반드시 자신에게 나중에 불리하게 돌아올 수 있다는 것을 명심해야 한다. 성인은 잘 나갈 때 오히려 뒤에 있는 사람들을 챙기는 법이다. 회사생활 역시 언제 어느 때 자리가 뒤바뀔지 모르는 경우가 많다. 이 경우 사내정치를 하더라도 도를 넘지 않는 사람이라면 피해보는 수준이 적다. 반면에 사내정치인이라는 낙인이 찍히게 되면 그 순간부터 직장생활은 피곤해질 우려가 많다.

하지만 정상적인 사내정치는 일반적인 수준에서 필요하기 때문에 적극적인 노력으로 임하는 자세가 중요하다. 흔히 상사나 동료들의 상 갓집은 빠지지 않고 가는 것이 나중에 많은 도움이 될 수 있다. 상대 방이 어려움에 처해 있을 때 도와주거나 협조해 주는 사람은 나중에 도움을 받을 수 있는 기회가 많아지게 된다. 그렇기 때문에 직장 동료 들의 경조사에는 빠짐없이 참석하는 것이 좋다. 또한 회식자리는 반 드시 참석하여 동료들과 어울리는 것이 필요하다. 회식을 기피하는 직장인들이 많이 있는데 친밀도를 높이기 위해서는 가급적 참석하는 편이 좋다. 회식자리에서 동료들과 어울리면서 자연스럽게 친해진다 면 직장생활에 상호 협력적인 관계가 형성될 수 있다.

또한, 사소한 것에 괜히 목숨을 걸지 말라는 말처럼 직장생활 역시 작은 것은 관용의 미덕이 필요하다. 이것도 사내정치와 연계가 되는 것이다.

특히 퇴근시간 이후의 시간 관리는 아랫사람에게 자율권을 부여하 여 언제든지 퇴근 이후는 상사의 의사와 상관없이 퇴근하도록 자율 성을 주는 것이 좋다. 이것은 사내정치라기보다는 관용을 통하여 자 신의 이미지를 좋게 만드는 일종의 협력관계라고 생각하는 것이 좋을 것이다.

사내에서 입김이 크게 작용하는 사람이 있기 마련이며 그 사람들에 의해서 조직이 어느 정도는 돌아간다고 해도 과언이 아닐 것이다. 하 지만 분명한 것은 관용을 베풀어 주되 부하직원이나 동료직원들에게 너무 정치색을 보이지 않는 것이 좋다. 사내정치도 순수한 의미에서 들어내 보이지 않는 모습이 중요하며, 긍정적 사내 정치를 펼치는 것 이 중요하다.

CHAPTER 2

과감하게 잡고 있는 것을 버려라

직장인들 가운데 흔히 착각하는 것 중에 하나가 본인이 없으면 회사업무가 잘 안돌아간다는 생각을 많이 한다. 하지만 회사라는 조직은 사람이 없다고 하더라도 누군가가 대신 처리하기 마련이다. 그런 걱정을 하는 사람들은 대부분 자기 자신의 업무를 남에게 주지 않으려는 성향이 강한 사람들이다. 또한 업무에 있어서 자신감이 결여되어 업무를 빼앗기면 자신은 할 일이 없어진다고 믿는 유형들이 많다.

나는 예전에 한 국립 컨벤션 센터에서 행사 기획을 한 적이 있었다. 큰 행사이기 때문에 사전에 꼼꼼하게 기획담당자와 진행사항을 점검하기로 했다. 그런데 점검하는 중에 이상한 것은 직급 상 부장급 정도 되는 연세가 많으신 어르신이 업무지원을 해주시겠다고 오신 것이었다. 많은 기계장치를 조작하고, 라이트 상태 등 꼼꼼하게 살펴주시면서 하시는 말씀이 본인이 아니면 이 업무를 할 사람이 없기 때문에 자신이 하는 거라고 한다. 하지만 난 참으로 난감했다. 본인의 역할이 없어질까 봐서 부하직원에게 이 업무를 주지 않고 자기가 지금까지 버티어왔다는 것을 자랑스럽게 이야기하는 모습을 보면서 안타까움이 많았다.

성공하는 사람들은 대부분 자신의 가치를 창출시키는 업무에 집중한다. 그리고 부하직원들에게 자신의 업무 영역을 전달해주고 자신은 새로운 업무를 습득해서 운영해 나가는 사람들이 대부분이다. 왜냐하면 사람의 뇌구조는 한계가 많기 때문에 지금 하고 있는 분야를 다른 사람에게 준다는 사고 자체가 매우 긴장도를 높이게 되어 새로운 창조물을 항상 생성시킨다는 것이다. 직무도 생산성이 있어야 하는 것이다. 직무생산성이라는 것은 동일한 직무를 반복하는 것이 아니라 생산적인 직무를 통하여 새로운 결과물로 자신의 업무 영역을 발전시키는 것을 뜻한다.

과감하게 본인이 잡고 있 것들을 버리는 습관을 가지면 새로운 가치지향적인 업무의 기회들이 다가올 것이다. 그런 모습을 주위에서 보았을 때 개인을 평가하는 기준이 달라질 것이다. 또한, 새로운 업무영역에 도전하여 일을 처리하는 사람은 주위에 사람들이 모여들기 마련이다. 반면에 자기 일에 대해서 놓지 않는 사람들은 사람이 모이지 않는다.

왜냐하면 이야기의 화제가 되지 못하고 다른 영역에 대해서는 무지하기 때문이다. 업무의 영역도 다양하게 넓혀 나가고 개발해나가면서 상호 커뮤니케이션을 하는 역동적인 활동이 필요한 것이다.

상사를 믿고 따르라

    아무리 상사의 의견이 맞지 않다고 하더라도 우선은 상사의 의견을 먼저 존중해 주는 긍정적 태도가 필요하다. 이것은 직장생활에서 가장 중요한 포인트이다. 상사와 마찰을 빚는 것은 결코 직장생활에서 득이 되지 못한다.

    그것은 직장생활에서의 룰을 지켜야 하기 때문이다. 직장생활을 하다보면, 간혹 상사와 마찰이 일어나 회사를 그만두는 직장인들도 많다. 하지만, 상사와 부하가 마찰이 있으면 상사가 떠나는 경우는 거의 없다. 회사는 업무적 마찰관계에 있어서 부정이나 윤리적 측면을 제외하고는 아무리 잘못되었다고 해도 상사 편을 들지 부하 편을 들지는 않는다. 본인의 의사 표현을 자유롭게 제시하고 그것을 결정하는 권한은 상사에게 있음을 잊지 말아야 한다.

    특히, 종종 상사의 권위를 넘어서면 그것으로 어려움에 처할 수가 있으니 조심하기를 권하고 싶다. 주위의 시선을 떠나서 직장생활이 편할 리가 없다. 내가 경험하기를 직장생활 하면서 상사와 마찰을 가진 직원들은 대부분 조직에서 이탈되고 말았다. 그것이 업무를 잘하건 못하건 간에 상사와 마찰을 가지는 것은 조직에서 용납되지 않기 때문이다.

상사와 마찰이 있거나 뜻이 맞지 않는다고 언성을 높여 싸우기라도 하면 그것은 아랫사람에게 치명적인 실수가 될 수 있다. 부하직원의 육성에 대한 책임이 일부 상사에게도 잘못이 있을 수 있지만 회사는 조직이기 때문에 아랫사람 1~2명 나가는 것에 크게 관심을 두지 않는다. 결국 본인만 울분을 참지 못해서 잘못된 선택을 하다가 고생하는 격이 되지 말아야 한다.

상사와 마찰이 있다면 이직보다는 직무순환을 통해서 피하는 쪽을 선택하는 것이 현명하다. 시간이 해결해 줄 문제이며, 즉흥적인 행동을 해서 본인만 손해 보는 행동을 할 필요는 없다. 조직의 눈은 같기 때문에 상사가 잘못된 태도를 가졌다 하면 당장은 아랫사람 편을 들지는 못하더라도 상사도 장기적으로는 나갈 수밖에 없는 입장이 된다.

요즘은 상사와 부하의 관계가 예전처럼 복종적 관계가 아니기 때문에 상호 존중하는 관계로 많이 개선되고 있다. 또한 상사의 입장에서 부하직원을 다룬다기보다 리더십을 요구하는 성과형 상사로 부각되기 때문에 본인이 언성을 높이지 않아도 주위에서 상사에 대한 평가를 하기 마련이다.

또한 상사에 대한 태도를 가지고 주위사람들과 험담하는 행동은 삼가야 한다. 그것이 결국은 귀로 들어가게 되어 있고, 나중에 평가에 대해서 좋지 못한 부분을 받을 수 있기 때문이다. 가장 좋은 방법은 중립적 위치를 취하는 것이 가장 현명한 선택이다.

어느 회사를 가더라도 상사와 부하관계는 좋은 관계로 발전하기가 매우 어렵다. 일대 일로 만나는 관계에서 관계의 질을 높이기란 쉬운 부분이 아니기 때문이다. 하지만, 상사를 믿고 따르는 관계에서 최소한의 한만큼의 배려는 있을 수 있는 것이기 때문에 상사에 대해서 험담이나 비꼬는 행동은 삼가는 것이 옳다.

직무순환은 필히 해라

직무순환에 대해서는 필자는 회사생활에서 가장 필요한 부분이라고 언급하고 싶다. 특히 대리 이하의 직급에서는 직무순환의 경험이 가장 필요한 시기라고 본다. 직무순환을 통해서 다양한 업무를 경험한다는 것은 나중에 부서장이 되거나 팀장급이 되었을 때 업무를 이해하는 수준이 높아지기 때문에 능력을 발휘하기가 쉽다. 또한 팀장이 돼서도 자리를 옮길 때도 유용하게 활용될 수 있기 때문이다.

그렇다면 직무순환의 기회는 어떻게 오게 되며 어떤 식으로 해야할까? 직무순환은 자칫 현재의 팀장에게 오해를 불러일으킬 수도 있고 알려지게 되면 피해를 입을까봐 쉽게 접근하기가 어려운 것이 현실이다. 또한 직무순환의 기회는 아무에게나 오는 것이 아니다. 보통은 타 부서에서 요청을 하는 경우가 있거나 사내공모를 통해서 신청하는 경우가 있을 것이다.

우선 타부서에서 요청을 할 때 보통은 부서장에게 요청하는 경우가 많지만 사전에 본인의 의사를 먼저 물어보는 경우가 많다. 이 경우에 본인의 의사를 명확히 제시하고 다른 일체의 언행은 삼가야 한다. 그러면 윗선에서 알아서 해결해 줄 것이다. 보통은 해당 팀장의 경우 팀원이 빠져나가는 것에 대해서 상당히 싫어한다. 강하게 막는 경우가 대부분일 것이다.

이 때 많은 갈등을 하게 되겠지만 직무를 변경하는 목적이 분명하다면 인사팀과 상의해서 자신의 의지를 강하게 주장하는 것이 현명한 것이다. 조직은 항상 변하게 마련이다. 지금의 조직은 언제 어떻게 변할지도 모르는 것이다.

조직에서는 가는 사람을 잡고 있는 것만큼 미련한 것은 없다. 만약에 자신의 업무공백을 우려해서 팀원의 직무순환을 허가하지 못한다고 하는 팀장이 있다면 신뢰할 수 없는 팀장일 가능성이 크다. 왜냐하면 현명하고 능력 있는 팀장은 후배 직원의 앞길까지도 내다보면서 관계를 유지하는 사람이기 때문이다.

CHAPTER 5
재충전의 시간을 충분히 가져라

직장인들 중에는 오로지 회사일밖에 모르는 사람들이 있다. 그럴 수밖에 없는 것이 요즘 직장인들은 장소구분이 없이 일을 처리한다. 직장에 없어도 모바일 폰으로 업무를 처리하게 되어 있어서 걸어 다니는 회사인 것이다.

휴일에도 월요일 회의 자료를 위해서 출근하는 모습들도 종종 보게 된다. 하지만 사람의 능력이라는 것은 과부하가 걸리게 되면 언젠가는 고장 나기 마련이다. 너무 무리할 경우 언젠가 사고가 터지기 마련이다.

몇 년 전에 회사에서 중요한 보직을 담당했던 A부장이 갑자기 뇌출혈로 쓰러진 적이 있었다. 회사일로 많은 고민을 하던 중에 갑자기 발생한 사고였다. 요즘 회사들은 실무형 관리자를 선호하기 때문에 팀장이라고 해도 자리를 지키는 팀장은 별로 없다. 임원도 실무 업무를 담당하기도 하고 팀장들은 팀원의 역할을 맡아서 책임지고 일하는 경우가 많다. 그렇다보니 40대 이상의 연령에서는 실무업무를 감당하기 어려워 갑작스럽게 쓰러지는 경우가 생기는 것이다.

휴일에는 충분한 재충전의 시간을 가지기를 권하고 싶다. 요즘 회사들이 바쁘다고는 하지만 휴일까지 반납하면서 일하는 모습은 좋지가 않다. 자신의 건강을 위해서 좋지가 않다는 뜻이다. 그리고 시간을 효과적으로 사용한다면 충분히 주말에는 휴식을 취할 수 있는 상황일 것이다. 그럼에도 불구하고 항상 습관처럼 휴일에 일을 하는 직장인들이 있다. 특히 회사의 임원이나 책임자급에서는 자리를 지키기 위한 노력으로 휴일도 반납하고 일하는 사람들이 많다. 오히려 직책을 맡지 않고 일반 사원일 경우에는 책임감이 덜하다. 임원이나 팀장들의 경우 한순간에 퇴직할 수도 있는 불안감이 더욱 크기 때문에 어쩔 수 없는 선택이라고 말한다.

하지만 재충전 없이는 일의 능률도 오르지 않을뿐더러 가족과 함께 지낼 수 있는 시간은 한번 지나가면 다시 오지 않는다. 휴일에는 적절하게 재충전하고 가족과 함께 시간을 보낼 수 있는 여유를 찾기 바란다. 일이라는 것은 자신이 하기 나름이며 불안감이 높기 때문에 일을 손에서 놓지 못하는 것이다.

하지만 일 잘하는 사람이 놀기도 잘한다고 휴일 기간에는 자신의 콘텐츠 영역을 확대하는 노력이 필요하다. 요즘 30~40대 직장인들은 재미없는 인생을 사는 경우가 많다. 똑같은 반복적인 생활을 탈피해서 주말기간이라도 시간을 내서 새로운 곳에 가보거나 자신의 몸을 충전할 수 있는 즐거움을 찾기 바란다. 자신에게 새로운 자극이 될 수 있는 다양한 것들을 만나면 새로운 시각으로 사물들을 볼 수 있다.

충분한 휴식은 새로운 활력을 제공해준다. 자신이 하고 있는 일들을 떠나서 새로운 영역으로 취미생활을 넓히기 바란다. 어떤 사람들은 특별히 주말에 할 일이 없다고들 말한다. 그렇다고 취미가 일이 되지 말기 바라며, 자신의 미래에 도움이 될 수 있는 취미생활을 찾기 바란다.

또한 자신을 가꾸는 데도 게을리 하지 말자. 옷 입는 스타일부터 머리모양까지 멋을 내보기 바란다. 상대방이 바라볼 때 옷모양새에 따라서 태도가 달라진다는 것을 명심해라. 옛말에 집을 사면 1년이 즐겁고 차를 사면 6개월이 즐겁고 머리를 깎으면 일주일이 즐겁다고 했다. 즐거움은 작은 변화에서부터 시작하는 것이다. 하지만 직장인들은 대부분 자신의 변화에 대해서 거부감이 많다. 작은 머리 모양부터 옷 입는 스타일조차도 변화를 주기 싫어한다.

일 잘하는 사람들은 자신의 이미지를 철저하게 관리하는 프로들이다. 그리고 자신들에게 많은 투자를 한다. 업무만 잘하는 것이 아니라 외적 이미지도 능력이라고 생각한다. 자신에게 작은 것이라도 변화를 주면 새로운 활력이 생긴다. 자신에게 소홀히 하지 않기를 바란다.

CHAPTER

6

과장승진은 무조건 빨리 해라

직장생활을 하면 함께 입사한 동기들과 서먹해지는 시기가 있다. 그 시기는 직급 상 차이가 나는 시점부터이다.

어느 순간 한두 명이 먼저 승진하게 되고, 또 어떤 동료는 승진에서 낙오를 하게 된다. 시간이 지나면 몇 년의 차이가 생기게 마련이다. 같은 날짜에 회사를 입사한 동기들이라도 서로 간에 차이가 나게 된다. 그런 모습을 보게 되면 많은 자극이 된다. 그때부터 변화를 감지하고 자신이 뒤쳐진다는 생각이 들기 때문이다.

승진관리에서 중요한 점은 과장까지 진급을 최대한 빨리 하는 것이 필요하다. 과장 이후부터는 팀장급의 직급에 해당되기 때문에 능력보다는 자리싸움이 본격적으로 진행되어 시간을 두는 것이 필요하다. 하지만 과장까지는 최대한 진급을 빨리 하는 속도전이 필요하다.

인정받기 위해서는 최대한 노력을 해라. 자신의 업무에 있어서 최선의 성과를 올릴 수 있도록 성과관리를 해야 된다. 그리고 자신을 어느 정도 신뢰해주는 상사를 만난다면 진급의 속도는 빠를 것이다. 최대한 자신의 상사에게 성과와 능력으로 인정을 받아라. 승진을 빨리 하는 사람들의 유형은 자신의 승진에 대한 목표점을 두고 성과 관리 하는 사람들이다.

우선 과장이 되면, 회사 내에서도 팀장으로서의 자질을 평가하게 된다. 관리자의 역량을 갖춘다면 금방이라도 회사에서는 활용하려고 할 것이다.

과장이 될 때까지 자신을 최대한 드러내도록 하라. 자신의 일처리를 빨리 하고, 가급적 성과부분을 극대화 하는 노력이 필요하다. 만약 과장 전까지 승진누락이 있다면 자신에게는 치명적인 부분이다. 과장 까지 될 수 있으면 승진누락이 없이 관리해라. 그리고 가급적 발탁승진이 되도록 최대한 노력해라. 발탁 승진자는 회사 내에서도 특별히 관리하고 일처리가 뛰어나다는 인식을 가지고 있다.

주위 직장인들을 눈여겨보면 금방 증명된다. 핵심보직만 차지하는 팀장들은 과장 승진에서 발탁 승진자들이 대부분이다. 그리고 과장승진까지 빠른 승진을 한 사람들이 많다. 대리급에서 승진이 누락되거나 한다면 자신에게 치명적이다. 이러한 경우 기존 승진자보다 몇 배의 노력을 더해야만 성과로 인정받을 수 있다. 과장진급 전까지 승진누락하지 않도록 자기성과 관리에 최선을 다해야 한다.

과장 이후부터는 성과도 중요하지만 관리자의 평판을 더욱 중요시한다는 점을 명심해라. 자신의 성과인정은 과장 이전에 자신이 해온 성과창출에 대해 많은 사람들이 인식하고 있다는 것을 잊지 말아야 한다.

CHAPTER 7

해외 근무는 신중하게 결정하라

해외주재원이라고 하면 직장인들에게는 꿈일 수도 있다. 가족들이 함께 외국에 나가서 살 수 있는 환경이 된다면 상당히 좋은 혜택을 받는 것이다. 특히 해외주재원 근무를 하게 되면 자신의 경력개발에 상당한 도움이 된다. 언어습득은 물론이거니와 폭넓은 시야를 가지기 때문에 해외주재원 근무를 선호한다.

하지만 해외주재원은 자칫 잘못하다가는 큰 곤경에 빠질 수 있기 때문에 신중하게 접근하기 바란다. 보통은 해외주재원이 나가는 시점은 해외에 자사 제품을 판매하거나 별도 법인을 만들어서 관리를 하는 형태로 나가게 된다. 당연히 초기 리스크가 클 수밖에 없다. 성과가 조기에 나오지 않을 위험성이 크며 비용증가가 지속될 수 있는 상황이 많다. 이럴 경우 해외에 나가서 근무하는 사람들은 부담감이 커지게 된다. 몸은 지쳐가고 답답한 생활이 지속되면 어려움이 커지게 된다.

해외주재원으로 근무하는 사람들의 대부분은 생각보다 어려움이 많다. 특히 가족을 두고 나갈 경우에는 더욱 큰 부담으로 자리 잡게 된다. 가족과 함께 나가고 일정기간을 보장해 준다면 고려해야겠지만 먼 타국에 가족을 두고 나가서 근무한다는 것은 다시 한 번 생각하기 바란다.

그리고 함께 나가는 사람에 대해서도 생각해보기 바란다. 막상 근무하게 되면 서로 마음이 맞지가 않아서 어려운 점이 발생하곤 한다. 더군다나 해외주재원 생활은 항상 같이 생활해야 되는 문제로 사람 간에 맞지가 않으면 더욱 힘든 상황에 놓이게 된다. 국내와는 상황이 많이 다르다는 점을 인식하기 바란다. 또한 해외주재원 생활을 하고 국내 복귀할 때 많은 갈등을 하게 된다. 이미 문화에 적응이 되어 있어서 다시 국내로 들어온다는 생각을 잘 안 하게 된다. 국내생활에서 다시 적응하려면 상당한 시간이 걸린다. 그래서 대부분의 주재원들은 국내 발령이 나게 되면 퇴사를 하는 경우가 많다. 회사로서도 큰 문제이기 때문에 특정한 지역의 해외주재원은 장기출장식으로 보내는 회사들도 많다. 결과적으로 해외주재원 생활은 이득보다는 미래를 알 수 없는 불안한 요소들이 많다.

해외에 나간다는 생각만 하지 말고 어떤 성과를 창출시킬 수 있는지 철저하게 파악하는 지혜가 필요하다.

CHAPTER 8

회사를 떠나는 순간 혼자가 된다

회사를 그만두는 순간부터 그렇게 많이 울리던 휴대폰이 조용해진다. 그리고 친하게 진했던 회사동료에게도 전화하기가 어려워진다. 바쁘다는 말에 서운한 감정이 앞서게 된다. 또한 퇴직을 하게 되면 혼자 있는 시간이 많아지기 때문에 자연스럽게 과거에 대해서 많은 생각을 된다. 이 정도까지는 이해하고 넘어갈 수 있을 것이다. 그런데 퇴직 후 그렇게 원수 같았던 사람들을 보지 않아서 좋다고 생각하지만 막상 그 원수도 그리워지는 때가 있다. 인간의 뇌라는 것은 싫어했던 것들도 시간이 지나게 되면 잊히기 마련이다. 그래서 퇴직 후 일정시간 지나가게 되면 또 입사원서를 뒤적이는 경우가 허다하다.

결국은 회사에서 근무할 때 느끼지 못했던 것들이 머릿속에 밀려온다. 당장은 회사를 떠나니 편하다고 생각하지만 점점 무력감이 밀려오기 시작하면 모든 것들이 귀찮아지게 된다. 퇴사하는 순간부터 자신의 존재감이 없어지게 되는 것을 경험하게 된다. 그래서 퇴사를 할 때는 순간적인 감정으로 회사를 퇴직해서는 안 된다. 반드시 퇴사할 때는 몇 개월간의 사전에 철저한 준비와 계획이 선행되어야 한다.

요즘 30~40대의 나이에 퇴직하는 사람들이 무척 많아졌다. 이들 중 일부는 자영업에 뛰어들고 있으나 3집 중 1집이 폐업을 하고 다시 1집이 창업하고 있는 실정에서 어렵기만 한 것이 현실이다. 중소기업청에서 발간한 창업동향 자료에 따르면 현재 창업자의 70%는 마땅한 생계수단이 없기 때문에 창업을 한다고 밝혔다.

창업은 생각만큼 쉬운 것이 아니다. 최소한 5년은 투자를 해야만 어느 정도 자리를 잡게 되는 것이 창업시장이다. 결국은 자신의 경쟁력을 개발하고 노력을 해야 되는 이유가 여기에 있다.

흔히 직장인들은 나이가 차고 하면 퇴직해서 자영업을 하겠다는 생각이 많다. 하지만 대부분 자영업도 회사에서의 성과를 많이 올린 사람, 성실한 사람들이 자영업 시장에서 살아남는 확률이 높다. 무조건 자영업 시장에 뛰어들겠다는 사고는 위험한 생각이다. 지금이라도 자신의 경력을 개발하고 관리해 나가서 최소한 회사에서 먼저 나가라는 말을 듣지 않는 것이 좋을 것이다. 자영업 생활은 주말이 없다. 주말에 쉬는 것은 생각도 못한다. 정말 뼈저린 노력 끝에 성공하는 사람들이 대부분이다. 이런 것을 생각한다면 지금 당신은 늘 그래 왔던 것처럼 놀 생각만 하면 안 된다. 변화와 혁신적인 모습을 그리고 미래를 위해서 차근차근 밟아나간다는 생각을 가지길 당부한다.

회사는 당신에게 기회를 언제든지 주고 있다. 미처 당신이 그 기회를 느끼지 못하고 안주하고 있다는 생각을 해봐야 한다. 만약 당신이 60세가 되었을 경우 무엇을 할 것인가? 60세 나이는 요즘 젊은 편이다. 충분히 일할 수 있는 나이라는 점을 인식하기 바란다. 30~40대는 더더욱 젊은 나이라는 점을 인식하고 자신감을 가지고 자신의 인생을 설계하기 바란다.

중요한 것은 자신의 경쟁력 없이 무작정 회사를 나온다면 실패할 확률이 높다. 자신의 경쟁력이 채워질 때까지 무조건 회사에 남아라. 객관적인 측면에서 자신의 능력을 점검해 보고 시장에서 자신의 경쟁력이 무엇인지를 파악해라. 그리고 그것을 집중적으로 개발시켜라. 그리고 자신의 경쟁력이 충전되면 그때 회사를 나오기 바란다. 그것이 나중에 후회하지 않는 퇴사의 법칙인 것이다.

PART 10
이직의 기회를 활용해라

CHAPTER 1
이직의 분명한 목적을 가지자

직장인들 중에서 첫 단추를 잘못 꿰어 고생하는 경우가 많다. 특히 직장생활에 있어서 첫 직장은 신중하게 선택해야 한다. 요즘 취업이 어렵다고 해서 마구잡이식으로 기업에 취업하는 직장인들이 늘고 있다. 결과적으로 선택한 직장을 포기하는 사례 등도 적지 않게 나오고 있다.

얼마 전 취업포털 사이트가 올 상반기 신입 입사지원자 610명을 설문 조사한 내용에 따르면 60%가 최종합격을 하고도 입사를 포기한 경험이 있다고 밝혔다. 이중 중소기업이 78.7%, 중견기업 21%, 대기업 9.8% 등으로 밝혀졌다. 복리후생과 연봉이 맞지 않아서 대부분 포기했다는 것이다. 합격을 하고도 입사하지 않는 경우가 있는데 지원한 이유에 대해서는 일단 합격을 한 후 입사결정을 위해서라는 응답이 30.1%로 나타났다. 이러한 결과는 우선 합격을 한 후에 조건에 대해서 살펴본 뒤에 입사를 결정하겠다는 생각이다.

하지만 이 같은 행동은 기업이나 구직자에게 시간 낭비적인 결과만 초래한다. 최소한 본인이 지원하는 기업에 대해서 어느 정도 정보를 가지고 입사지원 하는 지혜가 필요하다. 이런 측면에서 입사 후에 얼마 안 돼서 퇴사하는 직장인들이 많아지고 있어서 문제점으로 지적되고 있다. 또한 첫 직장의 선택에서 실패하여 계속해서 이직을 반복하는 경우도 많다.

이직 경험이 있는 대부분 직장인들은 알려진 회사 이외에 더 많은 이직경험이 있을 가능성이 크다. 짧게는 일주일 정도 회사생활을 하고 마음에 들지 않아서 퇴사를 한 후 다시 맘에 드는 직장을 구해서 두 번째 직장인 것처럼 다니는 직장인들도 많다.

사실 기업에서는 퇴사 후 한 달 이내 공백 기간에 대해서는 크게 생각하지 않기 때문이다. 하지만 중요한 것은 이직 후 공백 기간이 너무 크면 회사에서도 좋지 않게 본다. 또한 짧게 다닌 회사를 이력서에 넣는 것은 피해야 한다. 대부분의 면접관들은 짧은 근무기간을 제일 싫어하기 때문이다.

직장생활을 하게 되면 누구나 이직의 마음이 들게 된다. 보통 2~3년 차 직장인이라면 누구나 한 번씩은 이직을 해볼까란 생각을 하게 된다. 또한 과장급 이상도 얼마든지 요즘은 이직이 활성화 되어 전문성만 있다면 이직도 고려하게 된다.

우리는 업무가 마음에 안 들어서, 사람관계가 안 좋아서, 미래 비전이 없어서 등 다양한 이유에서 이직을 하고 싶어 한다. 하지만, 뚜렷한 목적이 없는 이직은 또 다른 이직을 낳게 되기 때문에 주의해야 한다.

또한 반드시 이직을 할 때 유념해야 될 부분은 회사 밖의 주위 친한 선배나 잘 알고 있는 컨설턴트 등에게 상담을 해보는 것이 중요하다. 본인 혼자의 뜻보다는 여러 사람들의 의견을 수렴하여 결정하는 것이 필요하다. 또한 순간적인 화를 참지 못해서 퇴사를 먼저 하는 경우도 우리 주위에는 심심치 않게 볼 수 있다. 하지만 이러한 측면은 경력개발에 심각한 영향을 줄 뿐만 아니라 자신의 연봉을 낮추는 행동임을 명심하길 바란다.

특히 회사와 불화가 있다거나 문제를 일으켜서 퇴사한 경우라면 더 심각할 것이다. 그렇지 않고 단순한 불화로 퇴사를 먼저 선택한다면 두고두고 후회하는 일이 벌어질 확률이 높다. 퇴사할 때도 순서가 있는 것이다. 회사를 떠나는 순간 자신의 가치는 하락된다는 것을 명심해야 한다. 사람들은 회사를 보고 개인을 평가하는 것이지 개인을 보고 회사를 평가하는 것이 아니다.

회사를 퇴사하는 것은 신중하게 고려해야 하며 자신의 자리를 옮기는 것 역시 후회하지 않도록 신중한 결심을 해야 한다. 사람 때문에 자리를 옮긴다면 필자는 말리고 싶다. 어느 직장을 가든지 사람간의 스트레스는 있기 마련이며 지금의 조직 내에서 직무순환이라든지 기타 다른 부분의 해결방안을 먼저 생각하는 것이 최선이다. 옮긴 회사는 더 큰 스트레스가 기다리고 있을지 모르는 일이다.

흔히 중견기업을 다니고 있는데 중견기업보다 훨씬 뛰어난 스펙을 가지고 있다고 한다면 대기업으로 이직을 원하는 경우가 많다. 하지만 대기업에 가서 쉽게 적응하지 못하는 사례도 많기 때문에 보다 분명한 장기적인 그림을 가지고 회사를 이직하는 것이 좋다. 경력개발을 위해서 분명히 필요한 대기업 경력이 있어야 한다든지, 쉽지 않은 것이 이직하여 적응하는 것이다. 무조건적인 이직은 피해야 되며, 이직을 차근히 준비하는 자세가 필요하다. 급여가 작다든지, 기업문화가 안 맞는다든지 여러 가지 이유를 분명히 파악하고 회사 내에서 우선적으로 해결할 수 있는 방법을 찾아보아야 한다. 보통 직무불만족이 조직불만족보다 이직의 성향이 낮다.

일반적으로는 직무가 불만족하고 조직만족이 되어 있는 경우는 이직보다는 회사 내에서 다른 차선의 방법을 고려하게 된다. 반면에 직무는 만족되더라도 조직불만족이 있다면 이직을 하는 경향이 뚜렷하다는 것이다. 조직문화라든지, 조직불만족은 이직을 생각하는 성향이 더욱 높게 나타나기 때문에 이직을 위한다면 보다 차근히 고려해 보는 것이 필요하다.

이직의 원인 중에 한 가지는 사람관계 때문이 가장 많은 부분 나타난다. 상사와 맞지가 않아서, 동료와의 갈등 등 다양하게 나타나게 되는데 보통은 장기적으로 인내력을 가지고 돌파해나가는 정신이 중요하다. 경험상, 같은 부서 사람이 평생 같은 부서에서 일한다고 느낄지 모르지만 조직은 항상 변하기 마련이다. 내가 경험한 대부분의 조직생활이 그래왔고, 보편적으로 조직은 3~4년 사이에 완전히 뒤바뀌는 경우도 많고, 변화가 심하게 있기 마련이기 때문에 인내력을 가지고 있으면 사람문제는 저절로 해결되기 마련이다.

흔히 사람문제로 이직하는 성향이 많지만 이직을 한다고 해서 사람문제가 해결되는 것이 아니다. 옮긴 회사도 역시 잘 맞지 않는 사람이 있기 마련이며, 근본적으로 조직은 좋은 사람만 내가 원하는 사람만 있는 부분이 어렵기 때문에 조직 간의 사람문제는 돌파해나가는 강한 승부근성이 있어야 한다.

　결과적으로 신입사원 때는 상사의 어느 정도 지시에 따라야 하지만 대리정도 되게 되면 상사도 나름대로 갈등관계를 맺는 것이 싫기 때문에 상호 존중하는 성향이 나타나게 된다. 또한 대리정도의 직급이 되면 타 직무로 전환배치도 신청이 가능하기 때문에 성급한 이직보다는 경력관리에 더욱 신경을 쓰는 것이 현명한 지름길이다.

CHAPTER

2

이직은 리스크가 있다

내가 아는 선배는 국내 최대 식품회사에서 전략기획과 회사의 중장기 업무를 담당하던 중에 중국 주재원으로 근무할 수 있는 기회를 얻었었다. 그 당시 누구나 선망의 대상이었던 해외근무였다. 선배는 향후 커리어를 개발할 수 있는 좋은 측면이라고 생각되어 무척이나 좋았었다.

하지만 막상 중국 주재원으로 근무할 당시 많은 고민을 하게 되었다. 국내에서 있던 것과는 비교도 안될 만큼 심리적 압박감과 부담감이 자리 잡게 되었고, 점점 국내 상황과는 거리가 멀어지는 느낌을 많이 받았다는 것이다. 또한 가족과 떨어져서 있다 보니 무엇보다 심적으로 힘들었었다. 결국 선배는 주재원 자리를 포기하고 국내복귀를 요청하였다. 조직은 개인이 선택하여 움직이는 곳이 아니기 때문에 선배는 회사에서 요직에 있었지만 퇴사하고 말았다.

또 한명의 선배는 누구나 가고 싶은 대기업이었으며 세계 유수기업과 경쟁하는 튼튼한 기업이었다. 선배가입사할 당시는 매년 성장

률이 50% 성장하던 시기였고 지속적인 투자를 확대하고 있던 중이
었다.

선배는 입사에 최선의 노력을 다했고, 유명한 압박면접을 무사히
통과하여 합격을 하였다. 하지만 잘나가던 기업을 선배는 사표를 쓰
고 나왔다. 이유는 아무리 대기업이더라도 본인이 하고 싶은 분야의
업무성격이 아니었기 때문이었다. 누구나 대기업을 선호하지만 중요
한 것은 본인의 일하는 스타일, 미래 계획 된 가치관에 따라서 대기업
이 모두 좋을 수는 없다는 것을 알게 되었다. 이후 선배는 중견기업
에 입사하여 본인이 원하는 직무를 맡게 되면서 열정적으로 일하게
되었다.

이처럼 예를 들었지만 회사를 나오게 되는 이유는 이런저런 있을
것이다. 내가 경험한 선배들의 이직에 대한 부분을 보면서 느낀 점은
이직은 몇 번씩 생각하고 리스크를 반드시 따져보고 나오라는 말을
하고 싶다. 무작정 회사를 그만두는 것은 좋지 못한 결과를 초래하기
때문에 반드시 이직을 하기 전에는 꼼꼼히 전략을 세우고, 본인의 커
리어에 도움이 될 수 있는 측면의 회사를 선택하는 것이 좋다.

직장생활에서 최고의 주가를 올리는 직급은 과장급이다. 과장급은
가장 열정이 강하며, 회사 내에서도 변화를 주도하고 사람들이 많다.
반면에 차장급으로 올라가게 되면 정치적 성향이 강하여 변화에 능동
적이지 못하게 된다. 차장부터는 상사에게 줄을 서는 모습들을 자주
보게 된다. 차장부터는 윗사람과의 관계에 따라서 업무성과와는 다르
게 평가받기 때문이다. 차장급부터는 직장을 옮길 때 상당히 신중해
진다. 왜냐하면 지금의 회사에서 임원으로 승진이 가능한가를 판단하

는 중요한 분수령이 되기 때문이다.

그렇다면 차장 이상의 직급은 회사를 옮길 때 어떤 기업을 선택할까? 앞으로 남은 직장생활을 편하게 지내고 자신의 지식을 마음껏 펼쳐나갈 수 있는 직장이라면 지금의 직장보다 한 단계 낮은 직장을 선택하는 것이 대다수이다. 갈수록 선택의 폭도 작아지게 될 뿐만 아니라 지금까지의 직장경험을 통해서 자신의 위치에서 편안한 환경을 추구하기 때문이다.

하지만 차장급 이상의 직급에서 회사를 옮긴다는 것은 쉬운 일이 아니다. 옮긴 회사가 어떤 회사인지도 잘 모르거니와 만약에 일이 잘못되기라도 한다면 실업자 신세로 전락할 확률이 높기 때문이다.

필자는 차장급 이상의 직급이 회사를 옮기는 것을 추천하고 싶지가 않다. 차장 정도면 회사 내에서 어느 정도 위치를 차지하고 있으며, 문제가 생기더라도 위기관리 능력을 요구하기 때문이다. 회사 내에서의 인맥관리만 잘해왔다면 충분히 회사 내에서 해결이 가능한 문제들일 것이다. 지금 다니는 직장보다 더 큰 기업으로 자리를 옮긴다면 한 번쯤 생각이 필요할 것이다.

왜냐하면 적응하는 데 있어서 여러 가지로 걸림돌이 많기 때문이다. 차장부터는 일정한 성과를 올려야만 하고 기대에 못 미치면 옮긴 회사도 부담스러워 할 것이다. 경쟁력이 있다고 판단이 되면 모르지만 그것이 아니라면 지금 자리에서 미래자신의 일이나 사업을 구상하는 것이 현명할 것이다.

CHAPTER 3

이직시 협상에 능숙해라

이직을 하게 전에 여러 가지 측면에서 점검해야 할 부분이 있다. 연봉수준, 직급, 업무 등 여러 가지를 사전에 꼼꼼하게 챙겨야 한다. 자칫 간과하기 쉬운 것들로 인해 나중에 상당히 어려움을 호소하는 경우가 많기 때문이다. 채용담당자가 직급이 중요하지 않다고 설명하여 아무 생각 없이 직급을 낮춰서 올 경우 나중에 동기부여가 낮아질 우려가 있다. 또한 이직 전에는 급여나 복리후생을 맞추어 주겠다는 약속을 하고도 정작 입사 후에는 엉뚱하게 제시하는 경우도 다반사이다. 이런 경우 이직 전에 반드시 채용담당자에게 서명으로 확인을 받아놓는 것이 필요하다.

이직 시 주의해야 될 부분은 직급과 연봉이겠지만 가급적 연봉보다는 직급에 비중을 두기를 원하고 싶다.

특히, 본인의 직급을 낮춰서 오는 경우는 권하고 싶지가 않다. 직급을 낮추고 연봉을 조금 높이는 경우도 많지만 직급은 한번 낮춰지면 꼬리표처럼 따라다니기 때문에 내내 아쉬워하기 마련이다.

연봉협상이라는 것은 사실 대리 이하는 거의 대부분의 기업들이 비슷한 연봉이라서 협상측면보다는 일반적으로 맞추어진 직급에 연봉이 결정된다. 과장 및 차장급 수준에서는 연봉이 차이가 많이 나겠지만, 대리급 수준에서는 어느 기업이건 비슷한 수준이다.

보통 연봉협상을 하는 과정에서 회사의 수준을 어느 정도 알 수가 있다. 체계적인 시스템을 갖춘 회사는 이직 시 연봉에 대한 협상부터 프로세스를 갖춰서 상세히 안내해 준다. 특히, 채용자가 지나치기 쉬운 것들을 상세하게 빠짐없이 이야기를 해주는 편이다. 직급관계, 승진할 때 가점까지도 차근히 알려주는 편이다. 하지만 인사시스템이 갖추어져 있지 않은 기업은 연봉협상이나 기타 상세한 프로세스가 별로 없다. 전화 한통에 대부분 입사일을 통보하는 수준으로 끝나기 때문에 이것저것 물어보는 것이 필요하다.

직급인정 부분에서는 회사를 여러 번 옮기게 될 경우 직급을 손해 볼 가능성이 크다. 연 단위로 경력을 인정하기 때문에 개월은 그냥 버리는 수가 많다. 가령, 5년 5개월의 경력이 있다고 하면 입사할 때 5년의 경력만 인정하고 다음해에 6년차로 입사가 된다는 뜻이다.

하지만 회사마다 인정범위가 천차만별이기 때문에 협상력에 따라서 달라질 수가 있다. 어느 정도 전문성이 있다면 줄다리기 식의 협상도 한번쯤 해볼 필요가 있을 것이다. 중요한 것은 본인이 회사를 옮기는 측면을 중요한 터닝 포인트로 삼아 경력과 연봉 등에서 과거 회사보다 좋은 조건으로 이직하는 것이 근무할 때 여러 가지로 동기부여가 된다는 점을 생각하면 좋을 것이다.

CHAPTER 4

이직 후 적응하기 위한 조언

　　로마에 가면 로마법을 따르듯 과거에 재직했던 회사는 잊고 새롭게 출발할 회사에 최선을 다해야 한다. 특히 이직 전 회사의 이야기는 피하는 것이 좋다. 항상 비교를 하면서 과거에는 이랬던 측면이 있다는 것을 자랑삼아 하는 이야기는 자칫 기존 직원들로 하여금 눈살을 찌푸리게 만든다. 물론 전문성을 가지고 업무적인 조언이나 비교 효과를 증가시키는 것은 좋은 측면이 있다. 하지만 노골적으로 과거 회사의 사례를 빗대는 것보다는 우회적으로 돌려서 설명하는 것도 하나의 방법이다.

　　또한 이직 전 회사에서의 복지수준, 급여수준도 가급적이면 이야기하지 않는 것이 좋다. 이미 회사를 옮겼다면 옮긴 회사에 충실해야 되며, 이직하지 않는 충성도 있는 모습을 보이는 자세가 중요하다.

　　이직을 하게 되면 처음 업무를 접할 때 어려움이 있게 마련이다. 보통은 3개월에서 6개월 정도 이직 후유증도 있다. 무슨 일을 하든지 적응기간은 있기 때문에 집중력 있게 꾸준히 업무에 매진해 나간다면 대부분 적응된다. 하지만, 6개월이 지났는데도 적응이 어렵고 심리적 스트레스를 받는다면 참으로 어려움이 클 것이다. 이런 경우에는 극단적인 행동은 피하고 위기를 어떻게든지 넘기는 지혜가 필요하다.

이직 후에 6개월간은 참으로 힘든 기간이다. 이 6개월을 참게 되면 무사히 이직한 기업에서 최소 3년 이상은 근무가 가능할 것이다. 하지만 6개월간 근무했음에도 불구하도 적응이 잘 되지 않는다면 이직에 대해서도 고려해야겠지만 이 경우 최소 1년은 참고 다니기를 권하고 싶다. 6개월을 다니고 퇴사를 하게 되면 경력으로 인정받기도 어려울 뿐만 아니라 향후 이직활동에도 도움이 안 된다. 만약, 정말로 참기 어렵다면 3개월 이내 결정을 하는 편이 오히려 좋다.

만약, 당신이 이직한 회사에서 3개월 넘게 다닌다면 그 후로는 이직에 대해서 접어두기를 바란다.

이직 후 최소한 3년은 근무해라

요즘은 경력 채용 시장이 하루가 다르게 커져가고 있다. 그만큼 기업은 인재에 대한 중요성을 인식하여 핵심인재를 외부에서 채용하고 싶은 욕구가 강하다. 회사는 필요로 하는 인재를 육성하기보다는 기존에 있는 인재를 들여와서 단 시간 내에 성과를 내는 것이 더 빠르다고 판단하기 때문이다.

요즘 직장인들은 이직에 많은 생각을 가지고 있으며, 기회가 되면 한번쯤 이직을 하고 싶다는 이야기들을 많이 한다. 하지만 앞에서 이야기했지만 이직은 차근히 준비하는 과정에서 진행해야 되며, 자칫 피하고 싶은 돌파구로 이직을 하게 되면 큰 낭패를 볼 수가 있다. 이직 후 직장생활이 본인이 생각했던 것과 맞지 않아서 다시 이직을 고려하는 사례도 최근 많아지고 있다.

특히 과장급이 이직시장에서 높은 대우를 받게 되는데 과장급은 이직 후 직무가 맞지 않거나, 회사의 환경이 맞지 않아서 어려움에 처한 경우를 많이 봤다. 나이도 있고, 가정도 고려했을 경우, 이직이 최우선만은 아니기 때문이다. 차라리 사원이나 대리급의 경우 크게 평판 조회를 하지는 않지만 과장급의 경우는 자리를 한번 옮기면 다시 옮긴다는 것은 부담으로 작용하기 때문에 신중할 필요가 있다.

직급이 어느 정도 있다는 것은 그만큼 업계에서도 소문으로 평판 조회가 가능하기 때문에 과장급 이상에서는 이직한 회사에서 최소한의 예의를 갖추는 것이 필요하다.

또한, 차장급 정도의 수준에서 어느 정도 능력을 발휘하게 되면, 팀장이나 기타 부서장의 타이틀을 갖추고 이직을 하는 것이 더 높은 대우를 받을 수 있다. 이직도 타이밍이 필요하며, 최소한 3년 이상의 성과를 낸 후에 이직시장에 도전하는 것이 현명하다.

이직을 하게 되면, 보통 적응하는 데 상당한 기간이 소요되는 회사들도 많다. 특히 한번 이직의 경험이 있으면 능력이 있다는 사실로 여러 군데 회사를 짧은 기간 옮기는 사례도 많이 볼 수 있다. 하지만, 이직은 크게 자신의 전문성을 높이는 방향에서 결정해야 되며, 너무 잦은 이직은 본인의 경쟁력을 떨어트리는 것임을 잊어서는 안 된다.

아무리 이직 후 회사가 본인과 맞지 않는 조건이 있더라도 최소한 3

년 이상은 다니는 것이 현명한 것이다. 3년 이내에 회사를 그만두고 다른 회사에 입사하는 것은 본인의 경력관리에 적지 않은 부담이 생길 수 있다. 3년에서 5년 사이가 본인이 회사에서 능력을 발휘했다는 기준으로 평가할 수 있기 때문에 최소한 3년 이상 성과를 올린 뒤에 이직을 고려하는 것이 좋을 것이다.

CHAPTER 5

어떤 회사가 좋은 회사인가?

구직자가 좋은 회사인지를 판단하는 방법은 간단하다. 대부분 직장인들이 생각할 때는 연봉이 높거나, 다양한 복리후생 제도가 있으면 이보다 더 좋은 직장은 없다고 느낄 것이다. 하지만, 세상에 공짜는 없는 법이다.

연봉이 높다면 그만큼 성과를 많이 올려야 되는 회사일 것이다. 단순히 연봉만 높다고 좋은 회사는 아닐 것이다. 본인이 일하면서 가치를 느끼고 적합한 연봉을 받는다고 생각한다면 괜찮은 회사라고 판단할 수 있다. 흔히 평판을 조회해보면 어느 수준인지 잘 알 수 있다. 하지만 이직을 할 경우 평판을 통해서 내가 원하는 회사인지를 파악하는 것은 제한점이 많다.

좋은 회사란 본인의 가치기준에 따라서 천차만별로 다르다. 또한 중요한 것은 외부 이미지와 내부에서 근무를 해 본 직원들과는 차이가 확연하다.

좋은 회사의 기준은 개인마다 다르다. 본인이 어떤 성향인지를 먼저 파악한 후 본인에게 어울리는 회사가 좋은 회사일 것이다.

매사 열정적이고 도전적인 스타일의 경우에는 성과관리가 명확한 회사를 선호한다. 인센티브가 많거나 도전적인 목표에 의해서 자신의 성과를 극대화 하는 일이 적합한 사람들의 유형이다. 반면에 성과 관리적 측면보다는 관리적 측면을 선호하는 사람들의 경우에는 다소 보수적 성향의 회사가 어울릴 수가 있다. 또한 개인보다는 공동체적 가치관을 가지고 있다면 인간존중의 가치관을 가지고 있는 회사가 좋을 것이다.

하지만 본인에 맞는 회사를 찾기보다는 회사에 본인이 맞추는 노력도 필요하다. 모든 회사들은 저마다 장단점이 있기 마련이며, 장점은 최대한 살리고 단점은 극복하는 직장인이 되어야 할 것이다.

좋은 기업을 구하기 위해서 경력자는 많은 관심을 가지게 된다. 하지만 신입사원의 경우 좋은 회사에 대한 기준이 크게 부각되기보다는 채용시장 자체에서 입사하는 데 우선의 목표가 있기 때문에 큰 기준으로 두지는 않는다.

하지만 경력자는 다른 측면이 있다. 몇 년씩 직장경험을 통해서 다니고 있는 기업의 문제점을 경험했기 때문에 이직하는 회사의 경우 과거에 본인이 경험했던 좋지 못한 점들이 떠오르기 때문에 회사를 선택하는 기준은 늘 상대적일 수밖에 없다. 그래서 회사에 보이지 않는 더 큰 문제점이 있는 것을 파악하지 못하는 경우가 종종 있게 마련이다. 이 같은 이직에 관해서 한 가지 A씨의 사례를 들어 보도록 하겠다.

A씨는 늘 업무가 많다보니 야근이 많았다. 야근이 많다보니 상대적

으로 인관관계의 스트레스는 덜한 편이었다. 그래도 A씨는 야근에서 벗어나기 위해서 이직을 결심했고 결국, 이직에 성공하였다. 이직한 회사는 정시에 퇴근할 수 있어서 무엇보다 좋았다. 하지만 몇 달을 다닌 후 이직한 회사에서 보이지 않았던 문제점들이 서서히 보이기 시작하였다. 사람간의 스트레스가 무척 심했고, 경쟁관계라고 생각하는 문화를 A씨는 받아들이기가 쉽지 않았다. 결국 이직도 본인의 만족감을 주지 못한다는 사실을 깨닫게 되었다.

일반적으로는 회사의 가치가 직원들에게 어떤 가치를 제공하고 복지적 측면이 좋은지를 고려하게 된다. 좋은 회사라고 해서 반드시 복지, 만족도 향상 등 다양하게 제공하기는 힘들 것이다. 조직은 조직 내에서의 일정한 문화가 있기 때문에 하루빨리 이직을 하였으면 그 회사의 문화에 적응하려는 노력을 하는 것이 중요하다.

이직할 때 피해야 될 회사

1) 같은 직무로 계속 채용공고가 나오는 회사

구직자가 취업준비를 하다보면 채용공고를 자주 접하게 되는데 동일한 회사의 직무를 자주 보게 되는 경우가 종종 있다. 이 경우는 2가지 경우로 볼 수 있다. 첫째는 입사자가 입사 후에 지속적으로 퇴사하는 경우이고, 둘째는 채용 원서접수 결과 맘에 드는 구직자가 없기 때문에 아쉬운 것 없다는 생각으로 채용공고를 계속 내는 경우이다.

결론적으로 같은 직무가 계속 채용공고가 나오는 기업은 가지 않는 것이 바람직하다. 계속해서 이직하는 것은 퇴사하기 때문이며 퇴사의 근본적인 원인을 치유할 생각이 없는 것이다. 또한 원하는 인재를 찾을 때까지 계속공고를 내는 기업에 입사하게 되면 상사와 마찰이 있을 가능성이 크다. 입사 후에도 기대에 부응하지 못한다면 상당한 스트레스가 존재할 우려가 있다.

2) 채용담당자가 신입사원인 회사

보통은 채용담당자가 사원급인 회사는 잘 살펴볼 필요가 있다. 기업의 성장속도가 빠르다면 모르지만 어느 정도 기업규모가 있는데도 불구하고 신입사원 급이 채용담당자로 일한다면 회사의 상태를 꼼꼼히 파악해 보는 것이 필요하다.

반드시 면접당일 채용담당자에게 직급과 본 회사에서 몇 년 재직했는지를 물어보라. 일반적으로는 경력이 좀 있는 사람들이 채용을 담당하기 마련이다. 인사팀이나 교육부서에서 인력이 자주 바뀌거나 한다면 회사는 문제가 있는 것이다. 튼튼한 회사들은 인사팀이나 교육부서에서 근무하는 사람들의 직급과 경력이 높은 편이다. 이 부분을 잘 살펴서 인사팀이나 교육부서의 인력상황을 점검해보고 입사하는 지혜가 필요하다.

3) 연공서열 중심인 회사

이직자들은 입사하는 회사가 능력과 실력을 정당하게 평가해주고 합리적인 보상을 해주는 회사인지 판단하는 것이 중요하다. 왜냐하면 이직을 해서 자신의 성과에 대해서 합리적인 방법이 아닌 연공서열 중심으로 평가한다면 아무리 성과를 올린다고 해도 보상의 정도가 낮기 때문이다.

만약, 성과보상이 확실하다면 연봉제 회사인지 판단해보고, 성과급 제도가 어떻게 되어 있는지 꼼꼼히 파악하기를 바란다.

또한 이직 후에 많은 이직자들이 어려움을 호소하는 것이 자기들끼리의 조직문화가 많다는 것이다. 특히 학연과 지연에 대한 관계를 중요시하여 실력 있는 사람들이 피해를 보는 경우가 많다는 것이다. 요즘은 회사정보가 대부분 전자공시시스템에 공시를 해놓기 때문에 입사 전에 꼼꼼히 살펴보기 바란다.

특히, 상장회사라면 전자공시시스템에 들어가서 임원들의 경력, 학력과 근속년수, 평균연봉 등을 살펴보기 바란다. 어느 기업은 특정한 학교에 대부분 임원이 있는 경우도 많고, 특정한 기업에서 상당수 임원들이 함께 온 경우도 많다. 이런 기업의 특징으로는 성장하는 데 한계가 많다는 것이다. 그리고 학연과 지연으로 인해서 연공서열 시스템일 가능성이 크다. 그러나 임원들의 학력과 지연이 다양한 회사일수록 성장가능성도 크며, 성과와 능력에 의해서 평가해주는 기업이다.

또한, 임원들이 자주 변경이 되는지도 꼼꼼히 살펴보기를 바란다. 임원들이 자주 변경되는 회사일수록 문제가 내재되어 있을 가능성이 크다. 결과적으로 이직하는 회사가 합리적인 회사시스템을 가지고 있는지 파악하는 것이 중요하다.

4) 높은 직무에 비해서 낮은 직급을 선호하는 회사

요즘같이 경기가 전체적으로 어려운 시기에 인력을 1명 채용하더라도 회사 내부적으로는 상당히 어려운 결정을 한 것이다. 회사가 경력직의 경우 채용공고를 낼 때 퇴사한 인원을 채우기 위해서 채용을 하는 것인지 아니면 성장에 따른 인력을 보강하기 위해서 채용하는 것인지를 파악하기 바란다. 만약 결원이 생겨서 채용하는 것이라면, 퇴사한 직원의 직급보다 한 단계 낮은 직급을 뽑아서 인건비를 절약하는 회사들이 많다.

특히, 과장급이 퇴사하면 대리나 사원급으로 보충하는 회사들이 종종 있다. 이 같은 경우에는 직무분석이 제대로 되어 있지도 않고 무조건 인건비를 절약한다는 논리로만 채용하는 회사들이 많다. 물론 한 단계 낮은 직급으로도 충분히 직무를 감당할 수 있다면 상관은 없을 것이다. 하지만 스태프 부서의 경우에는 과장급이 해오던 일을 대리급이나 사원급이 맡기에는 어려운 부분이 많다. 혼자서 일 처리하는 것이 아닌 조직의 많은 이해관계를 파악해야 되고 초기 업무의 양과 압박감이 상당히 높다는 것을 이해하기 바란다.

스태프 부서만큼은 직무분석을 통한 정상적인 해당 직급을 경력직원으로 채용하는 회사를 선택하길 바란다. 인건비에 대해서 민감하게 반응하는 회사들의 경우 입사를 하더라도 고생이 이만저만 아니다. 이 경우 경력직원으로 입사하더라도 일의 양이 많다는 것을 알고 있어야 한다.

그래서 이직자들은 반드시 입사할 때 결원이 발생되어 채용을 하는 것인지 아니면 인원을 보강하기 위해서 채용하는지를 사전에 파악하기를 바란다. 이처럼 입사 후에 사전에 알지 못했던 부분으로 당황스런 일들이 발생되지 않도록 신중하게 점검해보기 바란다.

PART 11
인생의 하반기를 준비하라

CHAPTER 1

당신의 하반기 인생지도를 그려라

직장생활은 평생 할 수 없는 일이다. 지금 당장은 아니더라도 때가 되면 그만둬야 할 위치에 오게 된다. 인생의 후반기를 멋지게 시작할 수 있는 준비를 해야만 한다. 죽기 살기로 직장생활을 하더라도 지금의 추세라면 50세 전후까지만 가능한 일이다. 요즘 60세 이상의 노인분들의 애환은 일이 없다는 고통이다. 급여는 조금 받더라도 소일거리라도 해보고 싶다는 분들이 참으로 많다. 일을 하다가 갑자기 일이 없어지면 심리적으로 마음이 불안해지고 신체 리듬이 깨져서 건강도 위험해지기 쉽다.

그렇다면, 직장생활을 현재 유지하고 있는 가운데 인생의 하반기를 준비해야 한다. 우리에게 놓인 시간이 그리 많지가 않다. 퇴직 후에 무엇을 하겠다는 생각을 보통 많이 하지만 준비되지 않은 채 무엇인가를 했을 때의 리스크는 상당히 크다. 결과적으로 직장에서 근무할 때 퇴직 후에 무엇을 할 것인가를 고민하고 그에 맞는 준비를 해나가는 것이 필요하다.

얼마 전에 나에게 창업 상담을 신청한 사람의 사례를 소개하고 싶다. A씨는 대기업에서 직장생활 하였고 50대 중반의 나이에 퇴직을 하였다. 퇴직금과 일부자금으로 테이크아웃 치킨점을 창업하였다. 처음 장사를 한 것 치고는 예상외로 매출도 괜찮아서 성공적인 창업이었다. 하지만 장사가 잘된다는 소문을 듣고 비슷한 유형의 치킨집들이 들어서면서 매출은 급격히 하락되었다. 특히, 경쟁사들은 발 빠른 마케팅 판촉전으로 고객들을 유혹하면서 상당한 매출을 올려나가는 상황이었다. A씨는 권리금마저 떨어지게 되었고 매출이 저조하자 사업을 접어야 하는 상황에 놓이게 되었다.

결과적으로 창업 3년 만에 사업을 접어야만 했다. 이러한 창업은 흔히 있는 일이다. 하지만 창업을 초기에 경험한 A씨에게는 실패가 충격적으로 받아들여졌다. 회사 밖에서는 모든 것들이 경쟁관계라는 사실로 심리적인 스트레스가 상당한 것이었다. 결국은 창업활동도 철저한 준비관계가 필요한 것이고 극복할 수 있는 정신적인 마음자세가 중요한 것이다. 험난한 시장경쟁을 뚫고 이기기 위해서는 그만큼 피나는 노력과 승부사 기질이 필요한 것이다.

하반기 인생은 위험부담이 많은 것은 피하는 것이 좋다. 젊어서라면 모르지만 하반기 인생에서 전 재산을 투자하여 사업을 한다거나 전혀 모르는 분야에 뛰어들어 어려움을 경험하는 것은 피해야 한다. 실패를 줄이기 위해서는 당장은 어렵지만 교육기관이나 국가에서 인증하는 관련 지원 단체의 도움을 받아서 정보를 알아보는 것이 중요하다. 그렇기 위해서 하반기 인생의 지도를 벌써부터 그려나가는 태도가 필요하다.

CHAPTER 2

자금계획을 철저히 세워라

현재 직장인들은 노후준비를 거의 못하고 있는 실정이다. 사실, 지금까지 직장생활을 해오면서 자녀교육 비용과 주택구입 비용 등에 많은 비용을 지출하다보니 노후를 준비하는 자금마련은 꿈꾸기조차 쉽지가 않다. 하지만 사전에 자금계획을 미리 세워두지 않는다면 퇴직 후 돈줄이 끊어지기 때문에 어려움에 처할 수가 있다. 직장생활을 하고 있는 중에 미리 자금계획을 세워둬서 준비하는 절차가 필요하다. 퇴직 후에 매달 받는 급여가 없어지면 그것보다 어려운 것이 없을 것이다. 지금까지 직장생활을 해오면서 은퇴 이후의 준비를 우리는 너무 소홀히 한 것이 사실이다.

요즘 유행하는 말이 있다. 똑똑하고 공부를 잘하는 아들은 국가의 아들이고, 돈을 많이 벌어들어 부유한 아들은 처가의 아들이고, 어렵게 살고 빚이 많은 아들은 내 자식이라는 것이다. 우스갯소리지만 이런 말은 아들을 대학 졸업 뒤 결혼까지 책임지는 우리 부모들의 모습일 것이다.

노후생활 뿐만 아니라 자녀들에게 목돈이라도 주려면 젊어서부터 자금계획을 철저히 세우는 실천이 중요하다. 또한 노후자금에 대해서는 국내 직장인들의 경우 생각이 전혀 없다는 한 여론조사 결과처럼 대책마련이 시급한 실정이다.

그렇다면, 자금계획은 어떻게 운영하는 것이 효과적일까? 우선 10년 단위로 쪼개어 30대, 40대, 50대로 세부적인 목표를 가지고 저축과 지출계획을 수립하는 것이 좋다. 특히 돈이 많이 들어가는 40~50대를 준비하기 위해서는 30대에 그만큼 많은 부분 저축을 많이 해놓아야만 한다. 하지만 30대에는 육아양육에 따른 지출비용이 상대적으로 높으며, 주택구입에 들어가는 비용이 높기 때문에 인생 후반을 생각하는 여유자금은 생각하지도 못하는 경우가 많다.

하지만 앞으로의 인생 후반을 준비하기 위해서는 30~40대에 부지런히 저축과 투자를 해야만 안정적인 50대를 맞이할 수가 있다. 특히 소액으로 젊어서는 연금 상품 등에 가입을 하여 미리 준비하는 것이 중요하다. 30대는 무리한 투자를 하지 말고 최소 5년간은 70% 이상 무조건 저축하길 바란다. 만약 30대부터 큰집과 자동차를 구입하는 데 지출이 많아지면 돈을 모으는 게 쉽지가 않다.

직장 생활을 하는 대다수의 30대는 최소 저축이 월 150만 원 이상은 되어야 한다. 30대는 먼저 내 집 마련에 최대한 목표를 두고 5년간은 적금을 넣는 계획 세워라. 150만 원씩 5년간 적금을 넣었다면 1억 정도 목돈을 얻을 수가 있다. 직장생활 10년 동안은 최대한 40대를 위한 절약형 자금계획을 충분히 세우기를 바라며, 가장 빠른 길은 저축밖에는 없다. 30대에 내 집 마련에 전력투구를 하기 바라며 40대에는 약간의 이자부담이 되더라도 투자성 상품 등에 고루 가입하여 노후를 보장받는 전략이 필요하다. 저축액이 다소 부족할 수 있지만 40대 초반부터는 노후를 위한 설계로 자금관리를 하는 것이 유리하다.

특히 직장인들은 주택구입 및 기타 자녀학자금 등으로 대출이 어느 정도 있기 마련이다. 하지만 대출이자가 만만치 않기 때문에 대출할 때 소득수준과 이자납입액을 살펴보기 바란다. 대출을 해서 무리하게 투자를 하는 것은 권하고 싶지가 않다. 우리는 눈앞에 이익만을 바라보는데 정작 이자를 1년 동안 내다보면 투자한 것이 이자를 낸 만큼 가치가 올랐는지를 판단해 보아야 할 것이다. 결국 눈 가리고 아웅식의 투자는 금물이라는 것이다.

자금계획에 대해서는 전문가의 조언을 듣는 것이 중요하다. 전문가가 꼼꼼하게 자금계획에 대해서 점검해주고 관리해주는 프로그램들이 많이 생겨났다. 다만 국내에서 검증된 회사의 자금계획 및 자산관리 프로그램의 도움을 받는 것이 필요하다. 향후 은퇴 이후까지의 자금계획 등도 철저히 분석이 가능하니 전문가에게 조언을 듣고 자금계획을 마련하는 지혜가 필요하다.

CHAPTER 3

과거를 버리고 새로운 꿈을 품어라

직장을 떠났거나 다른 일을 하게 될 때 간과해서는 안 될 부분은 과거에 대한 너무 큰 집착과 현실에 대한 불만족이다. 당장 편한 직장생활을 하다가 사업전선에 나오게 되면 이런 부분에 있어서 느끼게 될 것이다. 또는 큰 대기업에 다니다가 조금한 중소기업으로 자리를 옮기게 되면 더없이 큰 괴리감을 느끼게 된다. 사람은 경험을 통한 학습을 하기 때문에 자신이 경험했던 과거를 떠올릴 수밖에 없다. 하지만 자신의 앞을 내다보지 못하고 과거에만 집착한다면 발전할 수 없는 사람이 된다. 과거의 일은 잊고 현재를 인식하고 미래 어떤 모습으로 살아야 할지를 그려내는 것이 오히려 현실적으로 필요한 자세이다.

과거의 위세 당당한 모습 때문에 지금 초라한 자신의 현실을 보면서 자신에게 찾아온 기회를 박차버린 사람들이 우리 주변에는 많다. 인생 100년을 살기란 쉽지가 않다. 짧은 인생을 과거의 화려한 모습 때문에 자신감 없이 뒤로 퇴보한다면 나중에 후회하는 생각이 많이 들 것이다. 중요한 것은 무슨 일을 하든지 간에 지금 최선을 다한다는 각오로 임해야 되고 다른 사람들이 어떻게 생각하든지 그것은 중요하지가 않다는 것이다.

언젠가 우리는 나이를 먹게 되고 퇴직을 하게 된다. 과거 직장선배들의 경우 직장을 나가게 되면서부터 많은 상실감과 의욕을 잃는 모습을 보인다고 한다. 그것은 더 이상의 비전이 없기 때문이다.

직장생활을 하다가 55세에 명예퇴직을 한 대기업 임원은 퇴직금과 일부 자금을 합해서 멋진 전원주택을 짓고 텃밭을 가꾸며 살았다고 한다. 처음에 지긋지긋한 직장생활을 탈출하여 멋진 자연환경과 함께 생활하는 것이 그렇게 편할 수 없었다고 한다. 하지만 3년의 시간이 지나면서 그런 생활이 권태롭게 느껴졌다고 한다. 계속 해서 이런 생활이 삶에 있어서 만족을 줄 수 없다는 생각을 하게 된 것이다. 시골경치를 보는 것도 며칠이지, 1년 365일 그 생활을 하게 되면 사람은 누구나 의욕이 떨어지게 된다. 그래서 다시 전원생활을 정리하고 도시로 들어와서 다른 일거리를 알아본다고 한다.

물론 편안한 노후를 준비하는 것 역시 중요한 목표가 될 수 있다. 하지만 더 열정적으로 일 할 수 있는 나이에도 불구하고 벌써부터 노후생활을 시작하면 더 이상의 발전이 없다. 뇌라는 것도 자꾸만 일을 해야만 노화가 되지 않는 것이다. 요즘은 70세까지 일을 할 수 있는 나이라고 보는 것이 일반적인 견해이다. 이처럼 직장생활을 하면서도 노후에 일을 할 수 있는 자신만의 전문성 있는 것들을 찾는 것이 무엇보다 중요하다.

그러기 위해서는 자신만의 기술을 익히는 것이 중요하다. 나이를 먹어서도 할 수 있는 자신만의 자격증을 취득하거나 오랫동안 할 수 있는 기술을 익혀둘 필요가 있다. 지금 직장생활을 하고 있다면 반드시 지금부터라도 미래 노후를 위해서 무엇을 할 것인가를 고민해보고 준비하는 자세를 가져야 한다. 당신의 노년도 금방 다가오고 있다는 것을 명심해야 한다.

CHAPTER 4

당신도 언젠가는 직장을 떠난다

　직장을 완전히 떠나게 되는 순간 여러 가지 환경이 바뀌게 된다. 우선 안정적으로 받게 되는 급여가 끊어지는 순간 실업급여로 몇 개월을 버티어야 하고, 그 이후가 되면 고정수입이 없기 때문에 생활이 상당히 어려워진다.

　직장생활 중간에 퇴직하신 분들은 이런 부분을 각오했지만 생각한 것보다 더 힘들게 느끼는 경우가 많다. 하지만 당신은 언젠가 직장을 떠날 수밖에 없고 그것은 당연하게 받아들여야 한다. 단지 시간의 문제일 뿐이지 당장 내일이 될 수도 있고, 몇 년이 지난 뒤가 될 수도 있다. 당장 앞일에 대해서는 그 누구도 알 수가 없는 것이다.

　회사에서 퇴직하는 순간 자신의 몸값은 상당히 떨어지게 되어 있다. 지금 당장 회사를 그만둔다면 누가 당신을 받아줄 것인가? 퇴직을 생각하면 식은땀이 흘러내릴 수도 있다. 하지만 퇴직에 대해서 구체적으로 계획을 세우는 것이 향후 퇴직 이후를 준비하는 데 도움이 된다.

앞서 설명한 부분이지만 대기업에서 50대 직장인이 된다는 것은 참으로 어려운 부분이다. 임원승진이 불가능하다고 판단되면 인간관계를 돈독히 하여 40대 중반쯤에 중견기업이나 중소기업에 이직하는 것이 오히려 자신의 직장생활을 더욱 증가시킬 수 있는 길이 될 것이다. 30대 직장인의 경우 아직은 젊기 때문에 방심할 수 있지만 40대를 준비하려면 30대 직장인의 경우 부지런히 인맥관리를 해야 되고 자기계발에 게을리 하지 않아야 한다. 30대를 얼마나 알차고 부지런히 보냈는가에 따라서 40대 직장생활을 보장받기 때문이다.

보통은 40살 전후로 회사를 떠나 사업 준비를 많이 하고 있다. 그러나 현실은 참으로 어둡기만 하다. 한 통계자료에 의하면 창업을 하는 목적 중에서 70% 이상은 생계수단으로 창업을 하며 특별히 다른 것을 할 줄 없기 때문에 창업을 한다는 것이다. 대부분 창업 준비는 6개월 이내 결정하여 진행하는데 창업기간이 최소한 1년 정도는 여유 있게 잡는 것이 필요하다. 창업을 목표로 한다면 보다 분명한 창업의 의지가 필요하며 성급하게 창업시장에 뛰어들기보다는 성공할 수 있는 아이템을 신중하게 고르는 기간이 필요할 것이다.

퇴직은 또 다른 출발을 의미한다. 너무 조급하게 생각할 필요도 없고 좌절할 필요도 없다. 사람은 누구나 직장에서 나와야 되고 직장만이 인생에 있어서 전부가 아니라고 말하고 싶다. 회사에서 성실하게 자기 임무를 완수하고 노력하는 사람들은 창업을 하건 회사를 세우건 모든 일에서 잘 되는 경우가 많다. 반면에 회사에서도 문제를 일으키고 사람간의 관계가 좋지 못하면 퇴사를 한 뒤에도 좋을 리 없다.

퇴사를 하더라도 사람간의 관계를 잘 유지하는 것이 매우 중요하다. 그리고 자신은 퇴직하지 않았다고 해서 퇴직한 사람들에 대해서 등을 돌리면 결과적으로 당신도 어려움에 처해 있을 때 다른 사람들이 등을 돌린다는 사실을 명심해야 한다.

직장을 떠나는 것에 너무 두려워하지 말라. 새로운 일에 자신의 목표점을 두고 회사에서 쏟아 부었던 열정을 자신의 일에 쏟아 붓는다면 그것을 성공할 확률은 분명 높을 것이다.

내가 아는 선배 중에 A선배는 교육업무에 남다른 소질을 가지고 있다. 그리고 인맥관리가 매우 철저해서 그 선배 옆에 가면 항상 사람들이 모여 있었다. 그런데 어느 날 이 선배는 30대 후반의 나이에 컨설턴트가 되겠다고 회사를 과감히 그만 두었다. 그리고는 국내 최고의 컨설턴트 밑에서 일을 도와주면서 어깨너머로 일을 배우기 시작했다. 급여가 끊어지게 되면서 생활도 어렵게 되었지만 반드시 성공하겠다는 강한 진념으로 하루하루를 버티어 냈다. 결과적으로 이 선배는 교육과 컨설팅을 전문으로 하는 국내 최고의 컨설턴트를 지내게 되었고 현재 수많은 기업체를 강의하는 전문 강사로 자리 잡게 되었다.

몇 년이 지난 뒤 지금 이 선배는 과거에 내가 알던 과장급 교육담당 직원이 아니었다. 전문가로서 남과 다른 길을 가면서 고통의 시간을 감내하며 전문가가 되기 위해 피나는 노력을 한 것이다. 결국은 사람이라는 동물은 위기상황이 닥칠 때 본능적으로 최선을 다하는 힘이 생겨난다고 한다. 이 선배는 깨달았다고 한다. 과감하게 자기 것을 버리고 새로운 것을 찾아 나서면서 사람은 무섭게 변한다는 것을 누구보다 잘 알게 되었다고 한다. 지금 하고 있는 것들에서 마지막이라는 각오로 죽기 살기로 한다면 이 세상에 못할 것이 없다는 것이다.

부디 여러분들도 이런 정신력으로 승부하기를 바라며 익숙하고 편안한 것들을 지금 당장 버리고 새롭게 처음부터 출발한다는 각오로 도전하는 정신을 가진다면 분명 성공은 당신의 삶속에서 미리 와 있을 것이라고 확신한다. 그리고 이미 당신이 바라는 직장인이 되어 있을 것이다.

사랑하는 사람을 자주 보기를 권하며

아이들의 해맑은 눈동자를 보고 있으면, 한없이 기뻐진다. 그리고 희망을 갖는다. 늦은 밤 퇴근 후 하염없이 자고 있는 아이들의 얼굴을 보고 있으면 눈가에 미소가 가득해진다. 그리고 사랑하는 연인들은 상대방을 보고 있노라면, 자신감이 더욱 커질 것이다. 어렵고 힘들더라도 사랑하는 사람이 우리 주위에 있으니 그것으로 우리는 희망을 가진 게 아닌가? 사랑하는 사람의 사진을 책상 위에 올려놓고 매일 보기를 권한다.

힘든 직장생활이 멀게만 느껴지겠지만 한 단계씩 변화된 자신을 발견하면서 자신감 있게 앞으로 나가기를 희망한다.